最美国学 史记

季旭升教授 总策划
公孙策 著

中央编译出版社
Central Compilation & Translation Press

京权图字：01-2005-6487
中文經典100句：史記
中文簡體字版 ⓒ 2006 由中央編譯出版社發行
本書經城邦文化事業股份有限公司商周出版事業部授權，
同意經由中央編譯出版社，出版中文簡體字版本。
非經書面同意，不得以任何形式任意重製、轉載。

图书在版编目（CIP）数据

史记／公孙策著.—北京：中央编译出版
社，2013.12（2018.3重印）
（最美国学）
ISBN 978-7-5117-1855-6

Ⅰ.①史… Ⅱ.①文… Ⅲ.①中国历史-古代史-纪
传体-通俗读物 Ⅳ.①K204.2-49

中国版本图书馆CIP数据核字（2013）第262661号

最美国学	史记
出 版 人	葛海彦
出版统筹	贾宇琰
策 划 人	苗永姝
责任编辑	苗永姝
责任印制	刘 慧
出版发行	中央编译出版社
地 址	北京西城区车公庄大街乙5号鸿儒大厦B座（100044）
电 话	（010）52612345（总编室） （010）52612335（编辑室） （010）52612316（发行部） （010）52612346（馆配部）
传 真	（010）66515838
经 销	全国新华书店
印 刷	北京紫瑞利印刷有限公司
开 本	880毫米×1230毫米 1/32
字 数	200千字
印 张	10.375
版 次	2014年1月第1版
印 次	2018年3月第4次印刷
定 价	23.00元
网 址	www.cctphome.com 邮 箱：cctp@cctphome.com
新浪微博	@中央编译出版社 微 信：中央编译出版社（ID：cctphome）
淘宝店铺	中央编译出版社直销店（http：//shop108367160.taobao.com） （010）55626985

本社常年法律顾问：北京市吴栾赵阎律师事务所律师　闫军　梁勤
凡有印装质量问题，本社负责调换。电话：（010）55626985

目 录

出版缘起　站在文化巨人的肩膀上　001
专文推荐　从"中文经典100句"一窥中国文学的堂奥　004
专文推荐　一书多用　人人受用　006
专文推荐　我不能忘记的《史记》阅读之旅　009
代序　藏之名山，传之其人　012

大风起兮云飞扬
　　——本纪　001

防民之口，甚于防川　003
先发制人，后发制于人　006
楚虽三户，亡秦必楚　009
其志不在小　012
项庄舞剑，意在沛公　015
大行不顾细谨，大礼不辞小让　018
分我一杯羹　021
养虎自遗患　024
力拔山兮气盖世　027
明修栈道，暗度陈仓　030

只知其一，不知其二 033
天无二日，民无二王 036
大风起兮云飞扬 039
天命不可违 042
人死不能复生 045

燕雀安知鸿鹄之志

——世家 049

有田一成，有众一旅 051
知臣莫如君 054
一沐三捉发，一饭三吐哺 057
析骨而炊，易子而食 060
内举不避亲 063
唇亡则齿寒 066
不鸣则已，一鸣惊人 069
在德不在鼎 072
同声相应，同恶相求 075
天与弗取，反受其咎 078
可与共患难，不可共安乐 081
狡兔死，走狗烹 084
千金之子不死于市 087
见毫毛而不见其睫 090
不到黄泉不相见 093

成大功者不谋于众 096

国乱思良相 099

燕雀安知鸿鹄之志 102

子以母贵，母以子贵 105

生男无喜，生女无怒 108

当断不断，反受其乱 111

孺子可教也 114

忠言逆耳利于行，良药苦口利于病 117

人生一世间，如白驹过隙 120

事兄如父，事嫂如母 123

风萧萧兮易水寒

——列传 127

生我者父母，知我者鲍叔 129

衣食足而知荣辱 132

将在外，君命有所不受 135

以下驷对上驷 138

遂成竖子之名 141

在德不在险 144

以貌取人，失之子羽 147

千人诺诺，不如一士谔谔 150

毛羽未成，不可以高飞 153

宁为鸡口，无为牛后 156

举袂成幕，挥汗成雨 159

卧不安席，食不甘味 162

两虎相斗，必有一伤 165

鸡鸣狗盗之辈 168

物有必至，事有固然 171

怯于私斗，勇于公战 174

睚眦之怨必报 177

生而辱不如死而荣 180

君子交绝，不出恶声 183

廉颇老矣，尚能饭否？ 186

静如处子，动如脱兔 189

忠臣不事二君 192

鲁仲连排难解纷 195

众人皆醉我独醒 198

以色事人者，色衰而爱弛 201

士为知己者死，女为悦己者容 204

风萧萧兮易水寒 207

天雨粟，马生角 210

泰山不让土壤，河海不择细流 213

制人而不制于人 216

有非常之人，然后有非常之事
——列传 219

萧何追韩信 221

目 录

置之死地而后生 224

败军之将不可言勇 227

智者千虑，必有一失；愚者千虑，必有一得 230

韩信将兵，多多益善 233

秦失其鹿，天下共逐之 236

期期以为不可 239

马上得天下，不可马上治之 242

卑之无甚高论 245

鄙人不知忌讳 248

将门之下必有将类 251

信巫不信医 254

杀一人以谢天下 257

郁郁不得志 260

桃李不言，下自成蹊 263

匈奴未灭，何以家为？ 266

有非常之人，然后有非常之事 269

一尺布，尚可缝 272

夜不闭户，路不拾遗 275

一贵一贱，交情乃见 278

为治者不在多言 281

非此母不能生此子 284

侠以武犯禁 287

一斗亦醉，一石亦醉 290

彼一时也，此一时也 293

老死不相往来 296

贵出如粪土，贱取如珠玉 299

人弃我取，人取我与 302

顺之者昌，逆之者亡 305

失之毫厘，差以千里 308

出版缘起

站在文化巨人的肩膀上

台湾师范大学国文系教授 季旭升

"犁明即起,洒扫庭厨。忘着窗外,一片篮天白云,令人腥情振忿。随便灌洗一下,整理遗容之后,走到客听,粘起三柱香,拜完劣祖劣宗,希望祖宗给我保屁。然后勿勿敢往朋友的寿宴,为朋友举殇祝寿,大家喝的欲罢不能。谈到朋友的事叶出现危机,我就建议他要摒持理念、拿出破力。朋友也免励我要多用功,才能写出家誉户晓、踯地有声的文章。晚上我开始发粪读书,日以继夜的终于写完这一篇文章。"

这是用现在见怪不怪的错字集锦而成的一篇小文,果然可以"掷地",但是未必"有声"。近年来,这种错字太多了,老师开始忧心、家长开始忧心、社会贤达开始忧心,只有学生和教育主管部门不忧心,教育主管部门甚至于还要进一步削减中小学的国语文授课时数。终于,社会的忧心迸发了,由各界组成的"抢救国文联盟"日前已起来呼吁教育主管部门要正视这个问题,不要坐视台湾竞争力一日一日的衰落。

身为文化事业一分子的商周出版,老早就在正视这个问题了,所以洞烛机先地策划了"中文可以更好"系列,为文字针砭、为语文把脉,希望把这些年语文界的毛病治好。各界反应还不错。

语文的毛病治好了,体质还是不够强壮。商周出版认为进一步要熬十全大补汤,让我们的语文更强壮。这"十全大补汤"就是"中文经典100句"(即"最美国学")系列。

《荀子·劝学篇》说:

> 吾尝终日而思矣,不如须臾之所学也。吾尝跂而望矣,不如登高之博见也。登高而招,臂非加长也,而见者远;顺风而呼,声非加疾也,而闻者彰。假舆马者,非利足也,而致千里;假舟楫者,非能水也,而绝江河。君子生非异也,善假于物也。

学画一定要先从芥子园画谱学起。芥子园画谱是初学者的"经典"。

张大千的画艺要更上层楼,所以要去千佛洞临壁画。千佛洞是张大千的"经典"。

学书法的人要学二王颜柳,二王颜柳是书法界的"经典"。

出版缘起

经典是古代圣贤才智的结晶,是民族文化的源头。

多认识经典可以让我们站在巨人的肩上,长得更快、更高。

多认识经典可以让我们的思想、文字带有民族智能、民族风格。

《论语》、《史记》、《古文观止》、《孟子》、《诗经》、《庄子》、《战国策》、《唐诗》、《宋词》、《世说新语》等,这十本书应该是现代国民的"最低限度必读经典",作为这个民族的一分子,没有读过这十本书,就称不上这个民族的"知识分子"。但是,现代人实在太忙了,大人忙着五光十色、小孩忙着被教改、社会忙着全民英检、国家忙着走出去,人人都在盲茫忙,商周出版因此为忙碌的人们炖一锅大补汤,用最活泼简明的文句,把经典的精粹提炼出来,让大家可以在"三上"(马上、枕上、厕上)阅读。在做完文字针砭、为语文把脉、把病痛治好后,让我们来培元固本,增强功力,站在文化巨人的肩膀上,看得更高,飞得更远!

专文推荐

从"中文经典100句"
一窥中国文学的堂奥

台北市明湖国中校长 朱桂英

作家的阅读经验

"语言"是学习的利器,语文好,学什么都快。现在的小孩子好像更"命苦",本国语以外,还要学母语、外国语,甚至第二外国语。时间还是一天24小时,压缩之下,样样都学,无法专精。特别是本国语文,经籍浩瀚,古典文学与现代文学,不可偏废。而学测考起来,无边无涯,真是苦了这些孩子们!

海峡对岸的大陆教育部就主张:"语文是最重要的交际工具,是人类文化的重要组成部分。"大家也都了解,学习语文不外听、说、读、写。生长在台湾的小孩"听和说"不成问题,"读和写"那就要从长计议了,因为"罗马不是一天造成的"。

专文推荐

聪明睿智的父母亲要怎样日积月累地培植孩子的国语文能力呢？一般孩子计算机"嘎嘎叫"，电玩如"草上飞"，通俗文学也没问题，就是经典古文"莫宰羊"，因为他没有机会拜读、涉猎。如今有台湾师范大学国文系季旭升教授总策划、商周出版社印行的"中文经典100句"（即"最美国学"）系列，由公孙策执笔，精选《史记》名句100则，以现代语文，就出处——"名句的诞生"，白话语译——"完全读懂名句"，背景故事、典故及赏评——"名句的故事"，延伸与应用——"历久弥新说名句"、"名句可以这样说"，可谓一系列完整的呈现，更难得的是"中文经典100句"，未来还要陆续推出《论语》、《古文观止》、《孟子》、《诗经》、《战国策》、《唐诗》、《宋词》等，俨然是中国文学史的精华缩影。这是现代学子的大好良机，所谓"熟读唐诗三百首，不会作诗也会吟"，开卷有益呀！

文学的最高精神境界不易窥探，登堂入室几人能够？"中文经典100句"的精微辟论是坊间少见的，它正是登堂入门中国文学的最佳选择。

谨此，推荐给所有的老师、家长、学子们！祝优游愉快。

专文推荐

一书多用　人人受用

小说家　廖辉英

对于一年平均创作 25 万字以上的小说作者而言，文字当然是我最重要也是必须要擅长到某种水准的工具。除了像我这样的专业，有些人却认为文字不过是为了表情达意，粗通即可，甚至错字连篇也不算什么大问题，所以，高中生周记错别字满纸，本就不值得大惊小怪；就连导师的红批，短短两小行，居然有两个错字，我期期以为不可，朋友竟怪我苛求："人家又不是国文老师！"

这几年评审各类文学奖，初审复审就被刷下的落选作品就算了；那些入围或夺魁的作品，错字竟有超过百字以上的！我曾提议扣分，别的评审反对："我们又不是国文老师。"

其实，像文字这种基本功，不管是小说、散文或新诗，绝不能仅止于对或错这样的低标准。能突显一位作家风格的，除了内容,就是文字;有时候,一位作者被记住的,往往是他的某些句子——因为,句子绝非仅是文字的组合,而是作者整个思想、情感和经验体悟的组合,借由他独特的文字风采具象承现。

或许有人认为:那是作家的事,其他行业的人何必在这方面如此苛求自己?我要说的是:错了!一个人日常谈话是否有趣、辩才能否无碍、企划力好不好、逻辑组织及推理又如何,往往都与知识、举例、发想、用字等之是否得当有关。而这种能力绝对是可以培养的,那就是要多读好书,而且要读得通、懂得怎么用。

可是,学生得应付各种考试,上班族被工作拖绑住,喜欢读书的族群,又不知怎么挑书——坊间一年出版那么多这种那种的书,没营养的、哗众取宠的,根本就是浪费时间;而有些内容还可以的,作者偏偏把它写得艰涩深僻,连自己都不知所云,叫读者怎么看得下去?阅读如果不能成为乐趣,又如何带给读者好处?

以我这个专业读书人(我平均三四天会看一本书,有些小说,两天便仔细读完)不太严苛的挑书标准,一本书,只要能让读者增加知识、扩展视野,找到情绪出口和人生出路,哪怕只是一点点就好,也是值得的。当然,前提自然是好看、易读,不会让读者一拿起来就充满障碍的。

这本《最美国学 史记》,我本来有点排斥,因为中文在这些年,被太多人和因素弄得支离破碎,现在再回头去拾文言文的牙慧,会不会太晚?可是,当我读了第一篇之后,竟然爱不释手,不由自主便把它读完。

我的结论是:这是一本对学生(国小高年级便可阅读)、上班族、家庭主妇、社会新鲜人、大小主管、公司老板甚至演讲名嘴等各类靠文字或口传为主要工作者的必读好书!

首先,它很好看。司马迁写的历史,公孙策用浅显精确的白话文翻译出来,读来毫无困难。而且,其中有事件、有智能、有情节,还有名句。本来可能是琐碎、难记的历史,经这样一翻译、一对照,读的人多读几篇,文字功力自然大增,而历史的知识也相对累积,非学生族类,甚至可以把它当好看的"闲书"阅读,没事练练口才、增加内涵,让周遭的亲友或同事刮目相看,也是一件有成就感的事。

再其次,这本书很有用。我们常说"文史哲一家",工作与这三类有关的人,绝对开卷有益。而学科学或信息的人,读这本书也可以软化硬邦邦的职场生涯,为自己开发一点谈话内容、交游信息与生活视野。

对自己孩子作文能力感到忧心的父母,这本书是很好的自学本和亲子共读本。它有《史记》原文,有公孙策的白话译文,还加上这些名句的诞生、意思、故事,甚至还引申出新的时代意义,并告诉读者如何灵活运用这些名句在日常会话中。几乎作文的基本教材和演讲训练都齐全了。

有时候,一本好书就能影响一个人。在这前提下,本书的确值得推荐。

专文推荐

我不能忘记的《史记》阅读之旅

作家、广播电视主持人 蔡诗萍

在"最美国学"系列中,若没有《史记》这一本,我无论如何不能同意。

我对《史记》是有特殊记忆与感情的。

这要从我国中时被国文老师逼着读《古文观止》谈起。我的国中老师,当时硬逼着我们那一班一群毛头小子,除了国文课本之外,指定的补充读物,就是《古文观止》。

我也很难讲这种逼法,到底成效好到什么程度,只能说我手上那一本精装《古文观止》,陪我直到大学毕业。每当我兴致一起,就会随手翻翻,读上几段。《古文观止》里选录的《史记》文章,是我接触、喜好《史记》,很重要的开端。

台大一年级时,与我同宿舍的一位历史系室友,床头书柜上摆了一套五册"河洛图书版"的《史记》。我常看他拿红笔点读,不时我也借来随手翻看,两人就那么海阔天空,聊项羽、聊刘邦、聊荆轲。大二时,他要搬出宿舍,嫌书太重,就廉价地半卖半送,把那套《史记》,置放到我的床头书柜了。

这是我生平第一次拥有成套的《史记》。

我爱读《史记》,还有一个推波助澜的因素。大一时我读过一本爱不释手的书,当时不知道作者是谁,书名《司马迁及其人格与风格》,我那版本还是"开明书店"的。作者极其流畅的论述与抒情笔法,尤其吸引我对《史记》的兴趣。一位传奇性的史家,记录了诸多传奇性的人与事,这是我对《史记》最深切的印象。

当然,只有翻开《史记》,跟随司马迁的叙述,才能细嚼慢咽"史记文体"的美。

我至今都不能忘记,我读到《刺客列传》里,描述专诸、豫让、聂政、荆轲等侠客的情节时,简直可以用如痴如醉来形容。尤其是佳句如潮,信手拈来都很传神,像豫让说"士为知己者死,女为悦己者容","皆众人遇我,我故众人报之","国士遇我,我故国士报之";又如描述荆轲的为人,说他"虽游于酒人乎,然其为人沉深好书",这些句子在我年少时段,又是如何激荡我浪漫遐想的情怀啊!

《史记》之美,在司马迁的巨视宏观,在他描刻人物的栩栩如生,在他笔法的跌宕起伏,古典时期的散文之美,不读《史记》,无法一窥堂奥。

公孙策很有耐心,把他读《史记》的心得,透过"名言名句"

的摘录,写成这本《最美国学 史记》,既可让读者回味一下我们常常用到的不少典故,究竟从何而来?《史记》竟然是其中极为重要的一个"典故宝藏"!

就如同我国中时,因为国文老师的硬逼、强逼,种下了时时翻阅《史记》的习惯,我诚挚地以为,读者若把这本《最美国学 史记》当成手边册,搭捷运、等车之际,约会等人之余,随手抽一页看看,也许一百则"史记名言",很快就可融入脑海,变成自己智能的一部分。"史记文体之美",美在它是有个性的创作。

代序

藏之名山，传之其人

司马迁著《史记》，司马光编《资治通鉴》，两位司马先生都是史学大师。然若以一般读者的角度看这两部巨著，后者是编年体，只合用来搜寻纪实；前者则是一篇又一篇的故事，读来脉络分明，先后连贯。更重要的是，司马迁的文学造诣实在太棒了，全书充满着流传后世至今朗朗上口的成语、名句——这正是我们选择《史记》作为"最美国学"系列第一波的原因。

司马迁的父亲司马谈担任太史令，执掌有如今日国史馆长。古人对历史的态度敬慎，国家重要文件都先送史官（记录史实），再送丞相（办公）。司马迁在《史记》中称父亲和自己为"太史公"，都是自称，而非官职名称，但那不是他要自抬身价，而是出于对历史的敬重。

《太史公自序》当中，司马迁详述他作《史记》的由来。司马谈的遗志是继孔子作《春秋》之后，再完成一部贯通古今的史书。

代序

于是,司马迁在继任太史令之后,全心全意投入《史记》的著作。

不幸的事情发生,汉武帝派二师将军李广利为师北伐匈奴,大败,李广的孙子李陵孤军无援而投降。司马迁帮李陵讲了几句"好话",却触怒了汉武帝,认为他帮李陵讲话,有贬抑李广利的意思。而李广利是皇后李夫人的兄弟——开罪了当权外戚,司马迁被延以"宫刑"。

古时候"刑不上大夫",士大夫被判处宫刑,一般皆视之为奇耻大辱,通常反应是自杀以明志。但是司马迁忍下了这个耻辱。为什么?为的就是要完成《史记》。

司马迁在写给好朋友的信《报任安书》(任少卿名任安,事见本书'将门之下必有将类'故事)当中细述心迹:

古时圣贤在历经困厄之后,多有发愤而为的著作,例如周文王《易经》、孔子《春秋》、屈原《离骚》、韩非《孤愤》等。司马迁著《史记》的目标,就在于"究天人之际,通古今之变,成一家之言",完成以后,希望能"藏之名山,传之其人"。

为什么要"藏"之名山?因为《史记》书中记述了太多"当朝不喜欢的史实",例如汉高祖刘邦背信而打败项羽,又借故诛杀功臣,汉文帝杀兄弟,汉景帝诬杀周亚夫,汉武帝醉心"封禅"、追求长生不老等。他做了最坏的打算:这部《史记》可能会被销毁或成为禁书,所以可能得藏之名山,改朝换代以后才能传之其人。

幸好,这事情没有发生,《史记》一直流传下来,无须藏之名山,也不必待人发掘古籍而后重见天日。而我们得以欣赏到司马迁的高妙文学，透过他的文学包装，我们更能兴味盎然地读到历史故事。

当然，《史记》的精髓之一，就在司马迁创作出来的名言名句。中间有一些名句虽非他的原创，但是如何将谚语和前人智慧语言应用在最恰当的地方，更是精髓中的精髓——这又是我们出版"最美国学"系列的出发点。

现代人生活紧凑繁忙，讲求实用、即用，除了少数对历史极有兴趣的人之外，鲜少有人能读完整部《史记》。甚至坊间那么多节译故事或介绍成语的书籍，也未必具有即用的功能。

《最美国学 史记》可以当故事看，但实用性高于一般故事书；可以当工具书用，但趣味性又高于一般工具书（如成语辞典）；当然可以当做文史科课外读物，肯定对作文能力大有帮助，尤其每个单元都刻意地写得短浅易读。

我们不求藏之名山，但求传之其人，期待本书能得到大家广泛应用。

公孙策　序
2004 年 12 月

大风起兮云飞扬
——本纪

防民之口,甚于防川

名句的诞生

召公曰:"防¹民之口,甚于防水。水壅²而溃³,伤人必多,民亦如之。是故为水者决⁴之使导⁵,为民者宣⁶之使言。"

——周本纪

完全读懂名句

1. 防:在这里是治理而非提防的意思。2. 壅:堵塞不通。3. 溃:指大水冲破堤岸,四处奔流。4. 决:指疏通水道。5. 导:疏导。6. 宣:宣泄,表达。

昭公说:"防堵民众的言论,比防堵水更为严重。渠道若是堵塞不通,让大水冲破了堤岸,必定会给众人带来灾害。民意也是如此。所以治水的人要疏通水道,引导水流,治理人民的人要疏通管道,让人民能够发言表达意见。"

名句的故事

　　周厉王暴虐且奢侈，国人有很多怨言，厉王不高兴，就派一位卫国的巫者负责监视诋毁他的人，凡被检举者就杀掉。于是批评的人少了，但四方不服，诸侯不再入朝，厉王却更加紧控制言论，造成国人不敢互相谈话，走在路上只敢以目示意。厉王为此沾沾自喜，对辅政大臣召公说："我已经消弭杂音了，现在没有人敢再批评我的施政。"

　　召公说："那只是堵住批评者的嘴巴而已啊！防堵民众的言论，比防堵水更为严重，水如果壅塞而溃决，一定会造成很大的伤亡，民意也一样。所以，治水要疏导让它流畅，治民要让言论有宣泄的空间。……人民心中有意见而发出声音，其中有好的就采纳施行，如果塞住人民的嘴巴，还有多少人会心向着天子呢？"

　　厉王听不进这番话，于是国内没人敢出声批评。三年后，叛乱四起，厉王出国逃亡，由召公与周公执政，号称"共和"，十四年后，厉王死在国外，召公与周公还政于太子周宣王。

历久弥新说名句

　　自大禹治水以后，疏导重于筑堤防已成为至理，自周召公以后，"防民之口甚于防川"也成为至理名言。春秋时，郑国的知识分子经常聚集在乡校评论时政，有人建议执政大夫子产废掉乡校,子产说:"干吗废乡校?那些意见当中,人们喜欢的我就施行,人们不喜欢的我就改正,他们好似我的老师啊!何必废掉它呢?我只听说尽忠为善可以减少怨谤,没听说过威权镇压可以防绝怨言,好比治理河川,若堤防溃决,必定造成重大伤害,想救都来不及,不如开个小口使它流通,更不如我听到批评后对症下药。"

后世能体会这句名言的明君贤相固然不乏,但是闻过则怒、钳制言论的昏君权臣更不在少,国之兴衰就在这个"防"字的体认上了。

名句可以这样用

如果发生这样的事情:暴雨造成了水患,而主管机关或主事首长却不接受舆论的批评,这时候我们就可以问他:"防治水患固然是当务之急,但是利用天灾来要求舆论停止批评,难道不懂得防民之口甚于防川的道理吗?"

先发制人,后发制于人

名句的诞生

会稽守通¹谓梁²曰:"江西皆反,此亦天亡秦之时也。吾闻先即制人,后则为人所制。吾欲发兵,使公及桓楚将。"

——项羽本纪

完全读懂名句

1. 会稽守通:这里指兼摄会稽郡郡守的殷通。2. 梁:项梁,生卒年不详,楚将项燕的儿子,项羽的叔父。

会稽郡代理郡守殷通对项梁说:"江西一带地方全反了,这正是上天要亡秦国的时刻。我听说:'先发动就能让别人受我控制,动作慢了就受人控制。'我准备起义,并且任命先生您与桓楚为将领。"

名句的故事

这句名言大家都懂,其实早在《史记》之前,《荀子》就说:"制人之与为人制也,其相去远矣。"意思就是主动与被动有着天壤之别,而率先行动者往往能抢得主动地位。

秦二世时,陈胜、吴广揭竿起义,南方风起云涌,会稽郡代理郡守殷通对项梁说了上述一番话。

当时,桓楚藏匿在沼泽地带,项梁说:"桓楚逃匿,只有项羽知道他藏在哪里。"于是项梁出去吩咐项羽"如此如此",再回室内对殷通说:"请你召见项羽,命令他去召回桓楚。"等到项羽进入,接受命令,才过一会儿,项梁示意项羽:"可以动手了。"

于是项羽拔剑斩下殷通的脑袋,项梁手中拎着郡守脑袋,腰佩着郡守的印绶走出去,郡政府人员见状惊慌纷乱,项羽击杀数十百人,镇住了局面。

项梁召集他熟识的豪杰和吏士,告知他们要起义,募集兵马八千人,任命自己为会稽郡守,项羽为裨将,攻略附近县城。

历久弥新说名句

殷通说的是至理名言,项梁当然也懂,但是殷通先开了口,项梁当场成为"后发制于人",为了抢回主动先机,只好叫项羽动手斩了郡守的脑袋,才能控制全局,可怜殷通空有大志,却未防到这一招，白丢了性命。

项羽从小跟着叔叔项梁，学书不成，学剑又不成，项梁责骂他，项羽说："读书只不过记名姓而已，剑术也不过一人敌，不值得学，要学就学万人敌。"于是项梁教他兵法。

秦始皇南巡到了会稽山，项梁和项羽都去看热闹，项羽见了皇帝阵仗，说："彼可取而代之也。"项梁急忙掩住他的嘴，说："别乱说，这可是灭族大罪。"却从此看重这个志气不凡的侄儿。

名句可以这样用

"先发制人，后发制于人"、"学万人敌"、"彼可取而代之也"，都是好用且不大会误用的名句。但得注意一点，先发制人和"先下手为强"在使用上有层次的差异，前者是关照全局形势的高层次，后者多半只用在动手的低层次。

楚虽三户，亡秦必楚

名句的诞生

范增[1] 往说项梁[2] 曰："陈胜[3] 败固当。夫秦灭六国，楚最无罪，自怀王入秦不反[4]，楚人怜之至今，故楚南公曰：'楚虽三户，亡秦必楚'也。"

——项羽本纪

完全读懂名句

1. 范增：人名，项羽的谋士，辅佐项羽称霸诸侯。后来项羽中了汉的反间计而怀疑范增，范增便离开了项羽，后来死于背疽。也称为"亚父"。2. 项梁：人名，是楚将项燕的儿子，同时也是项羽的叔父。秦末，陈胜起兵，项梁与项羽起兵吴中响应，后来项梁为秦将章邯所败而死。3. 陈胜：人名，秦二世时，与吴广起兵，天下之士相率归向。不久便自立为楚王，后为部下庄贾所杀。4. 反：同"返"。

范增前往游说项梁,说:"陈胜失败是应该的。当年秦灭六国,楚国最冤枉,自从楚怀王遭到秦国扣留不得回国以来,楚人至今仍很同情他,所以楚国的南公说:'楚虽三户,亡秦必楚。'"

名句的故事

秦灭六国,楚国可说是被诈术而非实力所灭,而楚怀王这位昏君被骗去秦国后就一直遭扣留,所以楚国人恨死了秦国。南公是楚国一位阴阳家,他做了一个预言(谶):楚虽三户,亡秦必楚。

范增游说项梁时还提到,虽然陈胜首先揭竿起义,可是他不立楚王后代,而自立为王,败亡的命运是注定了的。当项梁自江东起义,因项家世代为楚将,所以才有那么多楚国人争着要来归附,其实众人是希望项梁能拥立楚王的后代。

项梁听了,认为范增的话有道理,就派人寻访楚王后代,结果找到一个牧羊童名叫"心",是楚怀王的孙子,就拥立他为楚怀王。

历久弥新说名句

范增点出了一个重点:"正统"在政治号召上,有着无与伦比的力量。

王莽篡位是因为西汉末年的政治搞得民不聊生,而他刻意营造自己仁慈的形象所以得到支持，可是一旦他的改革造成人民更大的灾难，立即"人心思汉"，各路起义军都推出姓刘的当领袖，最终由汉光武帝刘秀统一全国。

东汉末年董卓之乱，群雄并起，最终形成三国，近人姚季农分析为什么是这三国，因为曹操挟天子以令诸侯，天子是正统；刘备是汉室宗胄，具有"血统"；孙坚在洛阳的宫井中捞到了传国玉玺，也视为一个"正统"。当然这只是一个说法，但正统的号召力量是极大的。

历史上，东晋、南宋与明朝在北方政权灭亡以后，都是推出皇室后裔作为号召，以对抗北方异族，而能维持或长或短的局面，其他缺乏正统号召的"义军"都不成功。由此亦可见范增献的这一策，正是后来项氏成功极为重要的一个政治战略。

名句可以这样用

这一句通常在复兴、复仇并表示决心时应用，相对于少康中兴"有田一成，有众一旅"，楚虽三户的实力更为薄弱。另外，勾践复国"卧薪尝胆"则应用在虽失败但非完全灭亡的情况。

其志不在小

名句的诞生

范增说项羽:"沛公[1]居山东时,贪于财货,好美姬。今入关,财物无所取,妇女无所幸,此其志不在小。"

——项羽本纪

完全读懂名句

1. 沛公:刘邦起兵沛县,时人称之为沛公。

范增提醒项羽:"沛公过去贪财好色,如今入关后却不取财物,不贪美色,显见他的野心不小。"

名句的故事

楚怀王与诸将约定"先入关中者为王",项羽一路痛击秦军主力,声威显赫,可是刘邦一路收买秦将、怀柔百姓,反而先入咸阳。项羽大怒,全力攻破函谷关,来到咸阳城外。

刘邦入关以后,听从樊哙、张良的建议,对阿房宫中财货、美女、珍奇异兽通通不动,摆出"恭候"项羽来到再处置的低姿态。

当时,项羽兵力四十万,刘邦兵力十万,范增晓得项羽的个性吃软不吃硬,唯恐项羽见刘邦态度恭顺而放过摧毁劲敌的大好机会,所以做前述提醒,并且还加了一句:"我派人望刘邦的气,真的有天子之气,赶快攻击他,别失去了大好机会。"

历久弥新说名句

刘邦和项羽的世纪对决,肯定是历史上最精彩的一段,后来的诸葛亮对上周瑜虽然也精彩,但毕竟格局及不上。两者异同之处,在周瑜看出诸葛亮是未来心腹之患,却害不死他,而范增看出刘邦"其志不在小",项羽却下不了手。

如果不从对手竞争的角度,纯就识人之术来看,一个人能够面对诱惑而不动心,就显示他"其志不在小"。孟子所谓:"富贵不能淫,贫贱不能移,威武不能屈",三者之中,富贵不能淫("淫"是放纵、过度的意思)的确是较难做到的一点。

北宋二位名臣王安石和司马光,处在当时风气崇尚奢华的政坛当中,王安石屡次自请离开中央,外放到地方去做官。不做京官做外官在他人看起来是傻子,可是范仲淹、欧阳修都看出"此子未来必不可限量"。司马光中了进士"闻喜宴独不戴花",也是得意而不放纵的表现。果然,此二人都成为一代名臣。

名句可以这样用

凡人都懂得"西瓜偎大边"的道理,这个"偎"字是"依靠"的意思,当一个人吃西瓜不拣大块时,显示他的谦让,但是谦让虽为美德,却压抑了人的本性,为什么要压抑本性?因为志不在小。而为什么仍有人会选择依靠眼前劣势的一边呢?因为看出来"虽居劣势,其志不在小"啊!

项庄舞剑,意在沛公

名句的诞生

良曰:"甚急。今者项庄[1]拔剑舞,其意常在沛公也。"

——项羽本纪

完全读懂名句

1. 项庄:项羽的堂兄弟。

张良(对樊哙)说:"形势非常危急,此刻项庄在席上拔剑起舞,其实是想要刺杀沛公。"

名句的故事

有名的"鸿门宴"故事。
范增劝项羽攻击刘邦,项羽的一位叔叔项伯因为欠张良一份救命之恩，连夜拜访张良，劝他"不必陪刘邦一起死"，却反而在张良的劝说和刘邦的刻意笼络（结为儿女亲家）之下，回头帮刘邦做和事佬（说项）。

第二天，刘邦前往项羽驻军的鸿门向项羽致意，项羽以酒宴款待刘邦。范增一再以目示意，并且三次拿起身上佩戴的玉玦（玦，环形有缺口，象征决断），暗示项羽断下杀手，可是项羽默然不应。于是范增起身出帐，叫进项羽的堂弟项庄当席舞剑助兴，伺机击杀刘邦。项伯见准亲家有危险，也起身舞剑，以身体掩护刘邦。

张良见情势险峻，乃出外叫进樊哙，樊哙冲进宴会"闹场"，刘邦于是借上厕所的机会，"尿遁"溜回自己的军营。

历久弥新说名句

酒宴上舞剑，名为助兴，实另有图谋。历史上另一场富有戏剧性的酒宴是宋太祖赵匡胤的"杯酒释兵权"。

赵匡胤的天下是得自诸将"黄袍加身"，所以他即位之后，不能不担心那些仍然手握兵权的将领。然而，赵匡胤并不是那种诛杀功臣的皇帝（如刘邦、朱元璋），所以他采取了比较温和的手段。有一天，赵匡胤在宫中宴请禁卫军将领石守信、王审琦等，酒过三巡，对他们说："若不是诸位，朕也没有今日。可是当了皇帝之后，朕的心情却不安宁，每天晚上都辗转难眠，因为，如果有机会的话，谁不想当皇帝呢？"在场将领纷纷表态绝无二心,赵匡胤再说:"我也相信你们啊!可是如果你们的属下当中有人谋求富贵,硬要你们做皇帝的话,恐怕那时也不能自主了!"

禁军将领们闻言个个惶恐,第二天纷纷提出辞呈,外放当节度使,宋太祖收回禁军兵权。这是另一种形式的"项庄舞剑",没有刀光剑影,可是形势同样险峻。

名句可以这样用

凡是表面理由冠冕堂皇,其实另有所图的,都可以用"项庄舞剑"来形容,留下半句不说出来,味道还更浓哟!

大行不顾细谨,大礼不辞小让

名句的诞生

樊哙曰:"大行¹不顾细谨²,大礼不辞小让³。如今人方为刀俎⁴,我为鱼肉⁵,何辞为?"

——项羽本纪

完全读懂名句

1. 大行:做大事的意思。2. 细谨:拘泥细枝末节。3. 让:辞让,意谓口头上的礼貌。4. 刀俎:指刀子和砧板,是切割鱼肉的器具,用来比喻宰割者或迫害者。5. 鱼肉:指鱼和肉都是任人宰割的物品,比喻无力抵抗。

樊哙(对刘邦)说:"做大事不要太顾虑细节,奉行大礼节不必计较小身段。此时此刻,人家好比菜刀和砧板,我们则犹如鱼肉待宰割,哪里有工夫辞行?"

名句的故事

刘邦"尿遁"脱离鸿门宴,说:"我们就这样子跑出来,没有向主人辞行,怎么办?"樊哙就对他说了前面那番话,然后刘邦一个人骑马急忙奔回己方军营,只交代张良,将白璧一对致赠项羽,玉斗(饮酒的玉杯)一对致赠范增。樊哙等诸将行动后,则拿着剑盾步行回营(负责断后)。

张良入帐,说:"沛公不胜酒力,无法辞行,已经回营了,特地派我奉上礼物。"

项羽收下白璧,放在座位旁边。范增接过玉斗,放在地上,拔出剑来,一家伙砍碎了玉斗,说:"哎!竖子不足与谋。将来夺取项王天下的,肯定是沛公。我们都将成为他的俘虏。"

历久弥新说名句

事实上,刘邦出身平民,甚至可以说是无赖一个,以他的性格,应该不会考虑回头再向项羽辞行,可能是司马迁不好将开国君王写成丧家之犬,于是借樊哙之口将这一幕"落跑"合理化。看看刘邦怎么跑的就知道了:他一个人骑马,诸将步行断后,还真是"不顾细谨"哩!甚至可以说是不讲义气了。

在往后楚汉相争的过程当中,类似这一幕的状况重复出现,包括在一次战败逃跑当中,刘邦还曾将儿子、女儿推下车子,以减轻车上重量，好能够跑得快一点。

名句可以这样用

"大行不顾细谨，大礼不辞小让"这二句既好用，讲出口又有学问，用在劝老板、上司"不必顾及面子"时，老板还会感激你。这二句和"泰山不让土壤，河海不择细流"虽都有不计较小处的意思，但后者偏向"肚量大、胸襟阔"，通常用在包容各方面人才之时。

"竖子不足与谋"则是典型的怀才不遇、有志难伸，特别是对上司使用。由于这是一句骂人的话，不可能被人欣然接受，所以除非存心翻脸，否则千万别当面讲。范增就是活生生的例子，他有襄助项梁起义的功劳，对项羽不免倚老卖老，后来终于被项羽炒鱿鱼，而且死得不明不白。

分我一杯羹

名句的诞生

汉王曰:"吾与项羽俱¹北面²受命³怀王⁴,曰'约为兄弟',吾翁⁵即若翁,必欲烹而⁶翁,则幸分我一杯羹。"

——项羽本纪

完全读懂名句

1. 俱:都,全。2. 北面:古代臣子面向北方朝见天子,因此以北面代替臣子的地位。3. 受命:表示受君之命。4. 怀王:楚国国君的后裔,名心,是楚怀王孙。5. 翁:父亲的意思。6. 而:同"尔",你。

刘邦说:"我跟项羽一同受楚怀王之命,怀王要我们约为兄弟,所以我的老爸就是你的老爸,如果一定要烹杀你老爸,那就别忘了分我一杯羹。"

名句的故事

刘邦对项羽的战事屡败屡战,正面主力虽然节节失利,但是盟军彭越、韩信等不停地在项羽后方进行袭扰战,断绝其军粮道,令项羽非常头疼。于是项羽搭建一座高俎(放食物的几),将被俘的刘太公(刘邦父亲)放在上头,并派人通知刘邦:"若再不赶紧投降,我就烹了太公。"

刘邦的无赖性格再次展现其威力,他对项羽的使者说出了"分我一杯羹"这句名言。项羽闻言大怒,准备真的烹杀太公,这时项伯又在一旁讲情:"天下事还很难说,而且争天下的人是不顾家的,即使杀了太公,对战事也无助益,只会增加仇恨而已。"项羽接受了他的意见。

历久弥新说名句

从刘邦的角度,投降是否就能换回老爸的性命?也许,但自己的脑袋肯定很难保住,所以他其实并没有答应投降的余地。然而,面对父亲的生死存亡关头,讲得出这样一句话来,诚可谓"死皮赖脸到了家"。

从项羽的角度,这一招的确不太高明。若要用太公的性命威胁刘邦,派个人私下去讲就好了,搭个高俎干什么?如果真的烹杀了太公,徒然增添一项"残暴不仁"的记录而已。

至于项伯,实在不明白他"站在哪一边"。楚汉双方是你死我活的情势,他却老是帮敌人"说项",根本是个"内奸"。而项羽不肯听范增的逆耳忠言,反而老听项伯为敌人讲情,最终失败就不足为奇了。

司马迁很有技巧,这一段和刘邦逃亡时将儿子女儿推下车子的故事,他都"藏"在《项羽本纪》而非《高祖本纪》里面,否则的话,《史记》有可能在当时就被毁掉,后世根本看不到了。

名句可以这样用

时至今日,"分一杯羹"已经沿用成为分利润的习惯用语,然而,语气依然轻佻而不庄重,所以用于讽刺意味则可,用于正面的合作则不宜。尤其在明白典故之后,"分我一杯羹"千万要慎用,免得因此贬低了自己。

养虎自遗患

名句的诞生

汉欲西归,张良陈平说曰:"汉有天下太半,而诸侯皆附之。楚兵罢[1]食尽,此天亡楚之时也,不如因其机而遂取之。今释[2]弗击,此所谓'养虎自遗患'也。"

——项羽本纪

完全读懂名句

1. 罢:此处读作 pí,劳乏、困倦。通"疲"。2. 释:放弃,舍去。

(项羽和刘邦完成和谈约定,以鸿沟为界,以西为汉,以东为楚。)刘邦准备向西撤军,张良和陈平劝他:"汉拥有天下大半土地,而各路诸侯都心向我方,楚军兵罢(疲)且粮草已尽,这是上天要亡楚的大好时机,不如趁这个机会一鼓作气打垮他。如果今天放他回去而不攻击，就是所谓'养老虎却留给自己祸患'啊！"

名句的故事

刘邦和项羽的战事，除了二人 EQ 上的优劣和张良、韩信等智计卓越之外，刘邦每次都能先占领粮仓以进行持久战，暗度陈仓是一例，据守敖仓再断楚军粮道（见"分我一杯羹"）又是一例，终于项羽兵疲粮尽不得已答应和谈。

项羽遵守和约引兵东归，可是刘邦采纳了张良、陈平的建议，率军追击项羽，这一次，攻守易位，主动权到了刘邦手上。（读者请再回味一下"先发制人"。）

刘邦同时联合韩信和彭越，答应事成之后"陈县以东归韩信，睢阳以北到谷城归彭越"，于是不但韩信、彭越起兵响应，各路诸侯见追随刘邦有"好处"，纷纷加入联军阵营。

历久弥新说名句

对敌人仁慈就是对自己残忍，范增在鸿门宴之后就警告过："夺项王天下者必沛公也。"可是项羽从来就瞧不起刘邦，关中放过一次，荥阳又放过一次，而刘邦却始终有防人之心，入巴蜀时烧毁栈道，这一次更背信违约，终于赢得最后胜利。

历史上"养虎遗患"的例子不胜枚举，大家熟悉勾践复国的故事，吴王夫差已经将勾践团团围困在会稽山上，后来却放回勾践，最终落得个自己身死国亡。

名句可以这样用

相似的一句成语是"纵虎归山"，前述夫差和勾践的例子，比较接近纵虎归山。因为老虎已经关在笼子里了，却还放他回山，比起项羽因缺粮而不得已和谈，纵虎归山比养虎遗患似乎更不应该。

这样看来，刘邦才是虎，项羽是纵虎的猎人，放走了老虎还不防备老虎反扑，项羽够糊涂，也算活该！

力拔山兮气盖世

名句的诞生

项王乃悲歌慷慨,自为诗曰:"力拔山兮气盖世,时不利兮骓[1]不逝,骓不逝兮可奈何?虞兮虞兮奈若何?"歌数阕[2],美人和之,项王泣数行下,左右皆泣,莫能仰视。

——项羽本纪

完全读懂名句

1. 骓:马苍白杂毛曰骓。2. 阕:歌曲一首为一阕。

项羽的胯下名驹叫做"骓",他的爱姬名叫"虞",这首诗是项羽兵困垓下"四面楚歌"时唱出,大意是:"我是力拔山兮气盖世的英雄,怎奈时运不济,连累骓也失去奔驰沙场的表现机会,心爱的虞啊!我又该如何安置你呢?"

项羽饮酒放歌,虞姬为他和声,项羽边唱边落泪,左右侍从陪着哭泣，连头都抬不起来。

名句的故事

张良和陈平向刘邦献计，背盟毁约追击楚军，并且联合韩信、彭越将楚军包围在垓下，韩信派人在晚上四面唱起楚地歌谣，项羽以为汉军已经略得楚地，自己的根据地被袭取，登时斗志崩溃。此时此刻，他想到的却只有胯下名驹和枕边美人，完全一幅英雄气短的景象。

《史记》没有记载虞姬的下场，但《楚汉春秋》记载着，虞姬为项羽唱和，歌词是："汉兵已略地，四面楚歌声，大王意气尽，贱妾何聊生。"唱完以后，自刎而死。

虽然《楚汉春秋》是后世的小说笔法，虞姬的歌词完全不是那个年代的语言。然而，虞姬看出项羽已无斗志，自刎而死以断绝项羽恋栈之念，激发其余勇突围，是合理的推陈。

至于那匹骏马"骓"，项羽后来在自刎前，送给了乌江亭长。

历久弥新说名句

形容一个英雄人物的勇力与气概，我们常用这句"力拔山兮气盖世"。然而，历史上成者为王，败者为寇，成王败寇的决定因素却往往取决于EQ，从刘邦"分我一杯羹"的黏劲，到项羽"力拔山兮气盖世"的扼腕，再对照刘邦得天下以后"大风起兮云飞扬"的得意，读者自能体会个中道理。

名句可以这样用

与其沉浸于项羽"力拔山兮气盖世"的一时风光，宁可获得刘邦"大风起兮云飞扬"的最终胜利，我们一定要挺得住一时的挫折，这才是"爱拼才会赢"的道理。

明修栈道,暗度陈仓

名句的诞生

汉王之国,(……)去辄[1]烧绝栈道[2],以备诸侯盗兵袭之,亦示项羽无东意。

(同章)汉王用韩信之计,从故道还,袭雍王章邯[3],邯迎击汉陈仓[4]。

——高祖本纪

完全读懂名句

1. 辄:就,即。2. 栈道:此处指古代在今川、陕、甘、滇等地,于山崖峭壁上凿孔架木而筑成的一种道路,又名"阁道"、"栈阁"。3. 章邯:秦代名将,因为赵高专权,拒却章邯所请,于是投降项羽,被立为雍王,都于废邱;后被汉将韩信所灭。4. 陈仓:地名,在今陕西宝鸡市东。

刘邦受封巴蜀、关中，成为汉王，（……）走过之处便将出入的栈道全部烧毁，防备诸侯领兵偷袭，也表明自己无意东进的态度。

（同章）刘邦采纳韩信的计谋，从故道小径直奔陈仓，攻击雍王章邯，章邯率兵驰援陈仓，两军交战。

名句的故事

项羽大封诸侯为王，可是未依当初约定（先入关者为王），将关中封给了秦国三降将，而将刘邦封到了巴蜀、汉中。刘邦忍气吞声前往封地，接受张良的建议，将走过之处的栈道通通烧掉，一方面防备诸侯可能有人从后方偷袭，另一方面表示"无意东进"让项羽放心。

后来，刘邦用韩信的计谋，明着要修栈道，暗地由陈仓奇袭关中。韩信的计谋非常高明。刘邦一边下令樊哙、周勃等汉军名将率领人马进行栈道修复工程，并且"限期三个月完工"，可是蜀道难于上青天，工程才进行几天就丧失了数十条人命。只不过，这么明目张胆的大动作，当然惊动了三秦，将重兵集结在栈道口防守。

事实上，刘邦当时已经拜韩信为大将，主力不在樊哙、周勃而在韩信手中。刘邦与韩信一举拿下陈仓、攻进关中。时间还不到三个月，而栈道修复工程才进行不到十分之一。

历久弥新说名句

兵法讲求"奇正相生",正是主力、奇是侧翼,但是要灵活运用"正示之以奇,奇示之以正",如果能够运用得巧妙,就不必有太多复杂的战术,只要正兵、奇兵就够用了。

用在棒球上面,一个好投手其实只要快速球加上滑球(或变化球、变速球)就够了,重点在快速球一定要够快(不到三个月攻进关中),加上配球的节奏让打击者捉摸不透。

日本战国时代德川家康对付丰臣秀吉的"小牧之战"就充分掌握了这个原则——主力变换、移动快速。

二次大战盟军诺曼底登陆之役,也针对附近几个海滩进行先期轰炸,就是标准的"明修栈道,暗度陈仓"。

名句可以这样用

商场上的战争也同样兵不厌诈,例如某财团一方面放话要合并A银行,让竞争对手将注意力集中在A银行,暗地里却无声无息地买进B银行股票,就是"明修栈道,暗度陈仓"。

"暗度陈仓"也经常单独应用,假设某财团只是暗中收股票,而没有假放话与假动作,就只能用"暗度陈仓"了。

只知其一,不知其二

名句的诞生

高祖曰:"公知其一,未知其二。夫运筹策帷帐之中,决胜于千里之外¹,吾不如子房²;镇国家、抚百姓、给馈饟³、不绝粮道,吾不如萧何;连百万之军,战必胜、攻必取,吾不如韩信。此三者,皆人杰也,吾能用之,此吾所以取天下也。"

——高祖本纪

完全读懂名句

1. 运筹策帷帐之中,决胜于千里之外:指在帐幕中谋划策略,并掌握操控千里以外的作战形势,取得胜利的战果。2. 子房:张良,字子房。3. 饟:读作xiǎn,同"饷",指军警的薪俸、粮食。

汉高祖刘邦说:"你们只看见其中一个原因,却未见更重要的因素。要论在营帐内决定战略，取得在千里外的战事胜利，我不如张良；主持政府、安抚百姓、供给前线粮饷无缺，我不如萧何；率领为数百万的各路联军，战必胜、攻必取，我不如韩信。这三位都是人中豪杰，而我能够任用他们，正是我得天下的主因！"

名句的故事

刘邦得天下之后，在宫中摆酒筵款待群臣，席间刘邦要大家发表意见，陈述"为什么我能得到天下，而项羽失去天下"的看法。

高起和王陵表示："陛下待人傲慢，项羽待人宽厚。可是，陛下派人攻城略地，得胜之后总是将土地、军队赏赐给有功将领，这是'与天下同利'的作风；项羽却对有功劳、有能力的人嫉妒甚至暗害，攻城略地之后又不分封给有功人员，因此失去了天下。"

刘邦同意高、王二人的说法，但是提出了更重要的理由。

历久弥新说名句

事实上，刘邦在与项羽对峙且形势危急之时，也有人建议他分封各地军阀为王，以争取同盟，却被张良劝阻，并销毁了已经铸好的印信。关键在于：天下大势未明之前分封诸侯，意味着结交盟友；而已得天下定于一尊之后，论功行赏分封，诸侯的忠诚度是大不相同的。

刘邦这番话其实蕴涵极高的政治宣示作用。以前是枪杆子出政权，有功者裂土封侯；以后要治理国家，有才能者都有希望。而且，刘邦表示自己是一位能够赏识人才、任用人才的老板，只要有真才实学，套一句闽南语谚语"有头壳，免惊无纱帽可戴"，用意在号召人才。

名句可以这样用

这个故事里有另一则名句"运筹（策）帷幄之中，决胜于千里之外"，这已经成为历代所有军师、谋士的最高评价，同样适用于今日工商社会的杰出企划人员。

至于那些自命"天纵英明"，以为任用奴才就可以长保天下的政治、企业领袖，那真是"只知其一，不知其二"了。

天无二日,民无二王

名句的诞生

太公[1]家令[2]说太公曰:"天无二日,土无二王。今高祖虽子,人主也;太公虽父,人臣也。奈何令人主拜人臣!如此则威重[3]不行。"

——高祖本纪

完全读懂名句

1. 太公:这位"太公"就是差一点被项羽烹了的刘邦父亲。
2. 家令:官职,负责管家。3. 威重:指威严厚重。

太公的管家对太公说:"天上没有两个太阳,国家也不能有两个皇帝。高祖虽然是您的儿子,但却是国家的皇帝,太公您虽然是老爹,但却是臣子。怎么可以让皇帝拜见臣子呢?这样子的话,皇帝的威望是难以建立的。"

名句的故事

当时的背景是：刘邦分封功臣为诸侯，自己建都关中。不多时，诸侯一个个显现出不服中央的态度，燕王荼、颍川侯利几先后造反，刘邦都亲自带兵平乱。

刘邦不带兵出征的时候，每五天要去向老爹请安一次，如同一般儿子见父亲的礼节（儿子向父亲下拜）。于是，太公家令就向太公做了前述建议，而太公也采纳了。

有一天，皇帝来向老爹请安，太公手持扫帚（仆人形象）在门口接驾，皇帝大惊，下车搀扶父亲，太公说："皇帝是全民的君主，岂可因为我而乱了天下法（制度）！"于是，刘邦尊太公为"太上皇"，并且重赏那位识大体的家令。

历久弥新说名句

天下大一统之后，必须要建立上尊下卑的体制，否则政治就乱了。但是在得天下之前，必须礼贤下士，否则人心不会归附。

西汉、东汉之间，王莽政权垮台，群雄并起。马援分别见公孙述和刘秀，公孙述对他摆出皇帝架子，刘秀则平易近人。后来马援投效刘秀，屡建大功，成了皇帝亲家，始终忠心耿耿，要为皇帝"马革裹尸"。公孙述就是拘泥"天无二日"的帝王思想，而马援就是深切体认君臣大义的有识之士。

名句可以这样用

　　时至今日,这句名言仍有它的存在价值,因为任何组织(政府、企业、团体)都不能政出多门。然而,民主时代如果"民主少一点"成了"民王",失败的命运是注定的!

大风起兮云飞扬

名句的诞生

高祖过沛,悉召故人父老子弟纵酒,发沛中儿得百二十人,教之歌。酒酣[1],高祖击筑[2],自为歌诗曰:"大风起兮云飞扬,威加海内兮归故乡,安得猛士[3]兮守四方!"令儿皆和习之。

——高祖本纪

完全读懂名句

1. 酣:尽情饮酒,畅饮。2. 筑:古代弦乐器,有五弦、十三弦、二十一弦的不同,今已失传。3. 猛士:指勇士。

汉高祖刘邦(得天下后12年,仍需南征北讨平定各地叛乱,)在一次战役之后,经过家乡沛县,召集老朋友和地方上父老子弟一同痛饮,到场120名年轻人,刘邦教他们唱歌。酒兴正浓,皇帝更亲自弹奏筑(状似瑟),并且即席创作这首《大风歌》:"大风起兮云飞扬,威加海内兮归故乡,安得猛士兮守四方!"教年轻人一同合唱这首歌。

名句的故事

刘邦不但即席创作、自弹自唱,还起身舞蹈,情绪激动得落泪,对沛县父老说:"游子思念故乡。我虽然定都关中,当上了皇帝,但是魂魄仍然思念沛县。我从沛县起兵,终于得到天下,现在我宣布沛县做我的汤沐邑(私有封地),全体县民世世代代永远不必缴税。"

沛县父老热情款待皇帝十多天,临行,父老请求丰邑也能永久免税,刘邦说:"丰邑是我生长的地方,最难忘怀,只是因为雍齿(刘邦小同乡)背叛了我,所以不免其税赋。"经过父老再三请求,刘邦才答应永久免除丰邑的税赋。

历久弥新说名句

司马迁的文笔真令人击节赞赏,这一段故事,描述刘邦衣锦还乡,大风起兮云飞扬正是得意心情写照,威加海内更有无限抱负待施展,但又有安得猛士守四方的感慨。

天下甫得却又叛乱四起,见到故乡父老却又想起小同乡叛变的遗恨,教导家乡子弟唱《大风歌》,意在勉励子弟立大志。

名句可以这样用

面对风云际会的大好机会,有志者固当以刘邦的气魄为榜样,然而一旦得志威加海内,就应该拔擢人才,任用猛士守四方。如果只是衣锦还乡纵酒高歌,而不思长治久安之策,就未免辜负命运青睐了。

天命不可违

名句的诞生

高祖为流矢¹所中,行道²病。病甚,吕后迎良医。医人见,高祖问医,医曰:"病可治。"于是高祖嫚骂³之曰:"吾以布衣⁴提三尺剑⁵取天下,此非天命乎?命乃在天,虽扁鹊⁶何益!"

——高祖本纪

完全读懂名句

1. 流矢:飞箭,流箭。2. 行道:行走在道路上。3. 嫚骂:任意辱骂,也作"谩骂"、"漫骂"。4. 布衣:平民。5. 三尺剑:古时剑长三尺,所以称"三尺剑"。6. 扁鹊:春秋战国时名医,姓秦,名越人。

刘邦在战场上为流箭所伤,归途中发病,很严重。吕后请来良医,刘邦问医生"病情如何",医生表示"可以治得好"。孰料刘邦却辱骂医生说:"我以一介平民,提三尺剑取得天下,这难道不是天命吗?既然命系于天,纵使古代名医扁鹊再世又有什么用处?"

名句的故事

刘邦不让医生治病,吕后只好问他后事该如何安排:"陛下百岁(往生)以后,如果萧(何)相国也去世,谁能接替重任?"刘邦说:"曹参可以。"

吕后再问曹参的继任者,刘邦说:"王陵可以,但王陵年轻且戆直,陈平可以协助他。陈平智谋有余,却难以独当大任。周勃稳重宽厚却缺乏智谋,但是能安定我刘家天下的必定是周勃,可以任命他担任太尉(掌兵权)。"

吕后再问其次,刘邦说:"再往后,你也不能知道了。"

历久弥新说名句

创业的老板都希望为自己打下的江山规划出万世蓝图,像刘邦这样"知天命"的开山祖实际上不多。

传说明太祖朱元璋有一次在吃烧饼时,正巧刘基(刘伯温)请见,朱元璋就将咬了一口的烧饼用碗扣住,考一考刘伯温:"碗下是啥玩意儿?"刘伯温答:"圆圆月,圆圆日,金龙咬一缺。"

朱元璋于是请刘伯温推算明朝国运，刘伯温就做了日后流传的《烧饼歌》，据说可以一直应验到20世纪。同时，刘伯温预言明朝国祚"八百年嫌少，三百年嫌多"。事实上，明朝传到277年而亡。

名句可以这样用

天命是不可违的，但是"事在人为"。刘邦对他认识的人都能准确评价，对未来更久远的人则不能置评。刘伯温对朱元璋解释"八百年嫌少，三百年嫌多"，也是陈述事在人为的道理。

所以，"天命不可违"只能说不要逆势而行，如果空等天命却无所作为，那么，"天命"肯定不在他身上。

人死不能复生

名句的诞生

缇萦上书曰:"妾父为吏,齐中皆称其廉平,今坐法[1]当刑。妾伤夫死者不可复生,刑者不可复属,虽复欲改过自新,其道无由[2]也。妾愿没入[3]为官婢,赎父刑罪,使得自新。"

——孝文本纪

完全读懂名句

1. 坐法:因受牵连获罪。2. 无由:没有办法。3. 没入:指人口或是财产没收为官署所有。

缇萦上书朝廷:"小女子的父亲担任公务员,齐国一带人都称赞他廉洁公平,如今因为受牵连将受肉刑。小女子感伤:人死了不能复生,受了肉刑不能复原,即使想要改过自新也抹不去刑罚的烙印。小女子甘愿做官家婢女,以赎我父亲的刑罪,让他有自新的机会。"

名句的故事

这是孝女淳于缇萦的故事。汉文帝时,齐国的太仓令淳于意获罪要受刑,朝廷下诏押解到长安。淳于意没有儿子,只有五个女儿,就骂他老婆:"生孩子不生男的,遇到紧急事情一点也帮不上忙。"他最小的女儿缇萦跟着老爸到了长安,并且做前述的上书。

汉文帝是古今第一好皇帝(高阳评论),见了她的上书,因而下诏废止了肉刑。

历久弥新说名句

汉高祖刘邦入关时,与人民"约法三章":"杀人者死,伤人及盗抵罪。"不过,总是约法三章,其实其余的法令还是全部沿袭秦朝,所以到了汉文帝时,汉律仍然有肉刑。所谓肉刑,是指:"黥"(在额上刺字)、"劓"(割去鼻子)、"膑"(斩断脚趾),另外还有"宫"(去势)和"大辟"(斩首),合称"五刑"。汉文帝废除的是前三者,保留了宫刑和大辟,司马迁后来就是受了宫刑。

肉刑让受刑人在身上留下永久性记录,受刑人可说一辈子不得翻身,的确是不人道且不文明的刑罚。

名句可以这样用

我们现在用"人死不能复生",多在劝慰往生者家属节哀,用意是"活着的人日子仍得过下去"。

然而,知晓名句典故系在于"刑法应让人有自新机会",那么,这一句用在讨论死刑应否废除或缩小适用范围,就有积极性的意义。

燕雀安知鸿鹄之志
——世家

有田一成,有众一旅

名句的诞生

昔有过氏[1]杀斟灌以伐斟寻[2],灭夏后帝相[3],帝相之妃后缗[4]方娠[5],逃于有仍[6],而生少康。少康为有仍牧正[7],有过又欲杀少康,少康奔有虞[8],有虞思夏德,于是妻之以二女而邑[9]之于纶[10],有田一成[11],有众一旅[12],后遂收夏众,抚其官职。使人诱之,遂灭有过氏,复禹之绩,祀夏配天,不失旧物。

——吴太伯世家

完全读懂名句

1. 有过氏:过,国名也。东莱掖县有过乡,北有过城,古过国也。2. 斟灌、斟寻:夏的同姓。3. 夏后帝相:启之孙,依斟灌而国。4. 缗:有仍的姓。5. 娠:怀孕。6. 有仍:国名。妃后缗的娘家。7. 牧正:夏朝官名,负责管理畜牧。8. 有虞:帝舜之后。国名。9. 邑:封地。10. 纶:地名。11. 成:面积方十里为成。12. 旅：人数五百为旅。

（夏朝时）有过氏杀斟灌、伐斟寻，灭了帝相（斟氏是夏朝执政），帝相的妃子后缗当时有孕在身，逃到有仍，生下少康。少康长大担任有仍的牧正，有过氏又想杀少康，少康再逃奔有虞。有虞国主感念过去夏国的恩德，将两个女儿嫁给少康，并且将纶送给少康为地盘，土地十里见方，人口五百人，渐渐号召夏国旧众，建立政府，派间谍渗透然后灭了有过氏，恢复夏朝自大禹以来的制度，承续香火，一切如旧。

名句的故事

这个故事未记载于《夏本纪》，而记载于《吴太伯世家》。是伍子胥举少康的例子劝谏吴王夫差，不可同意勾践求和，伍子胥说："如今的吴国不如当年有过氏之强盛，而勾践远大于少康，不趁现在灭掉越国，将来会难以收拾。况且勾践的性格坚忍而亲民，此刻不消灭他，将来必定后悔。"吴王夫差没听进这番话，而采纳伯嚭的建议，允许越国投降——吴国最后被勾践所灭。

历久弥新说名句

对敌人仁慈就是对自己残酷。少康中兴和勾践复国是所有意图反败为胜者的标杆典故，然而，伍子胥的苦口婆心和夫差的掉以轻心,却正是征服者或处于胜利喜悦当中时,最应深思的故事。

名句可以这样用

《左传》记载伍子胥预言:"越国经过十年生聚、十年教训(名句语出此典),二十年以后,吴国的宫室将成为池沼矣!"果然22年之后,越灭吴。

易言之,只要还"有田一成,有众一旅",就有反败为胜的筹码。但是,戏剧性的情势反转不会"天上掉下来",得有十年生聚、十年教训的长期抗战计划与恒心才行。

知臣莫如君

名句的诞生

　　管仲病,桓公问曰:"群臣谁可相者?"管仲曰:"知臣莫如君。"公曰:"易牙[1]如何?"对曰:"杀子以适君,非人情,不可。"公曰:"开方[2]如何?"对曰:"倍[3]亲以适君,非人情,难近。"公曰:"竖刀(刁)[4]如何?对曰:"自宫以适君,非人情,难亲。"管仲死,而桓公不用管仲言,卒近用三子,三子专权。

——齐太公世家

完全读懂名句

　　1. 易牙:人名。春秋时齐国人,齐桓公的内侍,擅长烹调,很得桓公宠爱。桓公死后,易牙与竖刁等人谋乱,立公子无亏即位,致使齐国大乱。也称为"狄牙"。2. 开方:人名。春秋时卫国公子,齐国出兵攻卫,卫王派开方带贡品与齐桓公谈判。之后开方留在齐国十五年,不曾返卫国探亲。也称为"启方"。3. 倍:

此处是"背"的意思。4. 竖刁：人名。春秋时齐国人，为齐桓公的寺人，甚受宠任。

　　管仲病重，齐桓公去探病，问："群臣当中有谁可以（继你之后）担任宰相？"管仲（推托）说："最了解臣子的是你国君啊！"桓公问："易牙怎么样？"管仲答："易牙烹杀自己的儿子以满足国君口欲，非人之常情，不可以重用。"桓公："开方怎么样？"管仲："开方放弃卫国公子的地位，反而来侍奉齐国国君，非人之常情，不可以信任。"桓公："竖刁怎么样？"管仲："竖刁自行阉割以进宫服侍国君，非人之常情，不可以亲近。"可是管仲死后，齐桓公并没有听管仲的谏言，仍亲信这三人，三人因而得势专权。

名句的故事

　　春秋五霸之一的齐桓公下场极悲惨。管仲死后一年，齐桓公生病，易牙与竖刁联手作乱，封锁宫门不准出入。有一名宫妇翻墙进入桓公寝宫，桓公对她说："我肚子饿想吃东西；口渴想喝水。"宫妇说："我无法取得饮食。"桓公才知道易牙和竖刁作乱，感慨涕下，说："若死者有知，我又有何面目见仲父（桓公对管仲的尊称）呢？"以衣袖蒙面而死。桓公死后，五位公子争大位，相互攻击，桓公的尸体躺在床上两个多月无人收殓，尸虫都爬出户外。

历久弥新说名句

"天与弗取，反受其咎"篇中提及夫差不听伍子胥之言，后来越军攻进姑苏城。夫差请降，勾践不答应，夫差当时也说："我有何面目去见伍子胥？"以衣袖蒙面自刎（年代在齐桓公之后）。

南北朝的南梁武帝萧衍，把一手建立的帝国搞垮，侯景叛兵攻进建康，萧衍困守在宫城里，左右都跑光了，口苦想尝一点蜜都没人侍候，最后饿死。

这两位亡国君主大概都没读过（或读过而不记取历史教训）齐桓公的故事。

名句可以这样用

"知子莫若父（母）"、"知夫莫若妻"、"知 X 莫如 X"，都很好用。总之，最亲近的人当然最了解。但是别忘了，原典即是一句推托之辞。

一沐三捉发,一饭三吐哺

名句的诞生

周公戒伯禽曰:"我文王之子,武王之弟,成王之叔父,我于天下亦不贱矣。然我一沐三捉发[1],一饭三吐哺[2],起以待士,犹恐失天下之贤人。子之鲁,慎无以国骄人。"

——鲁周公世家

完全读懂名句

1. 捉发:握发。2. 吐哺:吐出口中的食物。

周公告诫儿子伯禽:"我是文王的儿子、武王的弟弟、成王的叔父,我在国家的地位不算低的了。但是我曾经洗一次头三次抓起头发,吃一顿饭三次将口中的食物吐出,为的是接见士人,唯恐(让人等待以致)失去治国人才。你去到鲁国,千万不可以因为你是国君而待人傲慢。"

名句的故事

　　周武王伐纣,建立周朝,分封姬姓宗室及功臣为诸侯。周公旦的封地在鲁,但是周公仍留在中央辅佐武王。

　　武王逝世,周成王仍在襁褓之中,周公以"摄政"之名执政。周武王的其他弟弟四处放话:"周公将对成王不利(篡位)。"周公对姜太公(东方强藩齐国)和召公(另一位执政亲室)说:"我之所以不避嫌而摄政,是担心各路诸侯叛变,无法向文王和列祖列宗交代,我想做的是辅佐成王、安定周室而已。"同时授权姜太公在齐国得以代天子征伐,并且派自己的儿子伯禽去鲁国就封(暗示自己不会篡位,儿子也不会)。伯禽临行之前,周公做了前述叮咛。

　　后来,管叔、蔡叔叛变,周公将之平服,等到成王长成,周公还政于成王。

历久弥新说名句

　　曹操在赤壁大战之前,横槊赋诗,结尾二句:"周公吐哺,天下归心。"充分表露他的雄心和志向,他要代天子统一全国,并效法周公"一饭三吐哺"争取天下豪杰、人才归心。

　　既以周公为榜样,曹操就不会篡位。这一点,曹操做到了,可是仍落得个"挟天子以令诸侯"的骂名,道理很简单,他在赤壁败了。如果当时他一战成功，统一全国而非三分天下，历史评价肯定不同。

名句可以这样用

与同一典故有关的另一句名言是："周公恐惧流言日，王莽谦恭下士时。"王莽篡位，但他也曾有一段礼贤下士、拥有极高评价的期间。如果周公在流言四起之时身亡，而王莽在礼贤下士之时去世，两人的历史评价将全然相反。

析骨而炊，易子而食

名句的诞生

　　楚以围宋五月不解，宋城中急，无食，华元[1]乃夜私见楚将子反。子反告庄王。王问："城中何如？"曰："析骨[2]而炊，易子而食。"庄王曰："诚哉言！我军亦有二日。"以信故，遂罢兵去。

　　——宋微子世家

完全读懂名句

　　1. 华元：人名。春秋时宋国人，因为眼见国家处于楚、晋两大国之间，饱受战争之苦，于是提倡和平运动，使两国结盟于宋，为历史上第一次弭兵约定。2. 析骨：肢解骨骸的意思。

　　楚兵围攻宋国国都五个月，城中食物都吃光了，形势危急。宋国大夫华元趁夜私入楚军阵地，会见楚军将领子反，子反向楚庄王报告，庄王问华元："城中情况如何？"华元答："已经到了将死者骸骨拆开当柴烧、人们相互交换儿子当食物的地步。"庄王说:"你既然据实以告,我也坦白告诉你,我军也只剩下二日粮草。"由于双方能够坦诚相待,楚军撤围回国。

名句的故事

楚庄王是春秋五霸之一,在之前,宋襄公也曾称霸一时。然而,楚是大国、强国,宋却没有足够的实力称霸,宋襄公沽名钓誉又好大喜功,搞得国力耗尽,以致宋国后来多次濒临亡国边缘。

好在,宋国出了几位擅长外交的大夫,华元是一位,凭着他和子反的私交(《左传》中记载这一段的情节是:华元"夜登子反之床",非常戏剧化),挽回了一场亡国之灾。另一位是向戌,在春秋后期倡议诸侯"弭兵"(停火协议),使得中国在乱世中维持了一段和平岁月,并提高了宋国的国际地位。

历久弥新说名句

"易子而食"是在极端饥饿的情况下,人们不忍自食其子而产生的悲剧。历史上,多次出现围城不解或大饥荒状况时,常有类似的记载,包括"析骨而炊"、"持土为食"等。

换个角度看,都到了"易子而食"的地步却仍不愿投降,又显示城中军民宁死不降的抵抗意志,楚庄王撤军,可能也考虑到这一点。

名句可以这样用

《孟子·离娄》中有一句"易子而教",是说父亲教自己的儿子,一旦教不听或教不会,父亲会发怒动气,就教不好,儿子也会反感,所以要跟朋友相互交换儿子教育。

但愿战争的灾难不会临头,不再发生"易子而食"的惨剧;也希望孟子"易子而教"的意旨,能让父母了解"不要用威权管教子女"。

内举不避亲

名句的诞生

晋会诸侯,悼公问群臣可用者。祁傒[1]举[2]解狐,解狐,傒之仇。复问,举其子祁午。君子曰:"祁傒可谓不党[3]矣!外举不隐[4]仇,内举不隐子。"

——晋世家

完全读懂名句

1. 祁傒:春秋时晋国大夫,食邑在祁(今山西省祁县),任中军尉。2. 举:推荐,推选。3. 党:偏私,偏袒。4. 隐:藏匿,遮瞒。

晋悼公担任盟主大会诸侯,悼公要群臣推荐可以担当重任的人才,大夫祁傒推荐解狐,而解狐是祁傒的仇人。悼公再问还有什么人才,祁傒推荐自己的儿子祁午。左丘明称赞说:"祁傒可以称得上是不结党营私的人了,推荐外人不忌讳仇家,推荐亲人不避讳儿子。"

(这一段"君子曰"引自《左传》,也就是作者左丘明的评论。)

名句的故事

春秋时期,称霸最久的是晋国,在晋文公担任诸侯盟主之后,到了晋悼公又重振霸业,最重要的原因就是任用了许多贤臣良将。

那位解狐也与祁奚有相似的作风,《韩非子》中记载,解狐推荐他的仇人给赵简子(晋国六卿之一),那位仇人以为解狐已经原谅他了,于是前往拜谢。孰料解狐拉弓搭箭向他射去,并且说:"我推荐你是认为你的才能可以担当重任。我跟你的私怨不影响我向公家推荐人才,因为私怨不入公门。"

这就是另一句名言"私怨不入公门"和成语"解狐荐仇"的典故由来。

另外,《韩非子》也记载晋平公时,执政赵武推荐仇人邢伯子担任中牟令,并推荐自己的儿子担任中府令,韩非称赞他"外举不避仇,内举不避子"。

历久弥新说名句

北宋王安石变法，新法制度虽然都是针对当时人民的痛苦与国家的弊病而设计，但是却因为新旧党争受到杯葛，同时王安石用人不当，也造成了更多民怨与弊端。

王安石信任的新贵当中有一位邓绾，曾讲出"笑骂由他笑骂，好官我自为之"这句名言。邓绾上书皇帝，为王安石的儿子和女婿求官、为王安石求宅第。王安石闻讯大为愤怒，便上书皇帝表明不是自己想要，而是邓绾乱拍马屁，建议免邓绾的职，于是宋神宗下令将邓绾外放。

名句可以这样用

"外举不避仇"与"内举不避亲"应有先后顺序，祁傒与赵武推荐了仇人，才有立场推荐儿子；解狐推荐过仇人，才会得到另一仇人的敬重；王安石因为深涉党争，就没有立场推荐儿子，甚至手下拍马屁时，还得忧谗畏讥做一番撇清。

唇亡则齿寒

名句的诞生

宫之奇[1]曰:"虞之与虢[2],唇之与齿,唇亡则齿寒。"

——晋世家

完全读懂名句

1. 宫之奇:春秋时虞国大夫。2. 虞、虢:皆春秋时的国名。虢,读作 guó。

宫之奇(进谏虞国国君)说:"虞国和虢国,好比嘴唇和牙齿的关系,一旦嘴唇没了,牙齿肯定会受寒。"

名句的故事

晋国向虞国借路讨伐虢国,共有两次。第一次,晋国大夫荀息建议将屈产的名马和垂棘出产的玉璧,当礼物送给虞君,以"假道伐虢"(成语出此典)。晋献公舍不得这两件国宝。荀息说:"如果能借道出兵,放在虞国不就等于存在'外库'吗?"(暗示灭虢之后再灭虞。)于是晋献公批准,虞君乃出兵与晋军联合伐虢。

第二次,晋国再提出借道要求,虞国大夫宫之奇就对虞君提出"唇亡则齿寒"的谏言,可是虞君不听谏言。结果,晋军灭了虢国以后,班师途中"顺便"灭了虞国——唇与齿一同被消灭。

历久弥新说名句

荀息提出以国宝交换借道出兵,其实是抓准了虞国国君贪爱珍宝的习性。

在此之前四十年的虞国,国君虞公向弟弟虞叔索求一块璧玉,虞叔担心"匹夫无罪,怀璧其罪",就心不甘情不愿地给了国君老哥。后来虞公又向虞叔索取一把宝剑,虞叔这一次不再忍耐,在危机感促使之下,出兵攻击虞公,虞公逃亡国外。

易言之,虞国的统治者一向有贪心的遗传,前一位虞公因为贪心而丢了政权,后一位虞君因为贪心连国家都亡了。

名句可以这样用

"唇亡齿寒"广受应用,且大概都不至于误用。本则故事还有一个小尾巴：荀息将当初送去虞国的屈产之乘马奉还晋献公，晋献公笑着说："马还是我的马，可是马齿已经老了。"

马的牙齿会随着年龄而持续生长，所以买马人总是要观察马的牙齿，而"马齿已老"、"马齿渐长"常用于对岁月不饶人的感慨。

不鸣则已，一鸣惊人

名句的诞生

（伍举）曰："有鸟在于阜¹，三年不蜚² 不鸣，是何鸟也？"庄王曰："三年不蜚，蜚将冲天；三年不鸣，鸣将惊人。"

——楚世家

完全读懂名句

1. 阜：指小丘、土堆。2. 蜚：飞。

伍举说："有一只鸟停在土堆上，三年过去，既不飞，也不叫。这是一只什么样的鸟啊？"楚庄王说："三年不飞，一飞就要冲天；三年不叫，一叫就会惊人。"

名句的故事

楚庄王即位三年，一个命令也不曾下达，每天从早到晚只顾玩乐，并且下令："胆敢进谏者，杀无赦！"

元老重臣伍举第一个忍不住，可是他很有技巧，当他入宫时，庄王正"左抱郑姬，右抱越女"，坐在乐队的中间。伍举说："我来向大王讲一个寓言。"君臣二人就有了前述的对话，庄王并向伍举说："我明白你的意思了，你退下吧！"

又过了几个月，庄王淫乐愈发过度，大夫苏从忍不住进谏。庄王问他："你不晓得我的命令吗？"苏从说："如果杀了我而能让君王醒悟，这正是为臣的愿望。"

楚庄王没有杀苏从，反而停止所有玩乐，开始听政，而且一下子"诛杀数百人，拔擢数百人"，并任命伍举、苏从为执政大夫，楚国人都大为高兴。

历久弥新说名句

这个寓言另外一个版本是套在战国齐威王身上，然而意思完全一样，都是一个少年君王由逸乐转为英明，然后称霸一时。

由楚庄王听政后立即"所诛者数百人，所进者数百人"看来，他那"三年不飞不鸣"其实是一种障眼法，私底下也没闲着。在所有大夫不知情的状况下，他已经搜集了详尽的资料，才能一下子诛杀那么多的奸佞、拔擢那么多的贤才，而且"逼"出二位最不怕死的忠臣伍举与苏从，让他们负责大政。

名句可以这样用

　　于是我们了解,"不鸣则已,一鸣惊人"是积极地做好准备、静待时机、掌握时机,而不是消极地没有作为,等待"天上掉下来的成功"。

在德不在鼎

名句的诞生

　　楚伐陆浑戎[1],遂至洛[2],观兵[3]于周郊。周定王使王孙满[4]劳[5]楚王。楚王问鼎小大轻重,对曰:"在德不在鼎。"

　　　　　　　　　　　　　　　　——楚世家

完全读懂名句

　　1. 陆浑戎:指陆浑地方的戎族,陆浑在今河南洛阳西南方,这一支戎族自山西北方迁徙而来。2. 洛:洛阳。3. 观兵:阅兵,向人展示军力威严。4. 王孙满:人名,周定王的大臣。5. 劳:读作lào,慰问的意思。

　　楚庄王讨伐陆浑地方的戎族,大军接近洛阳,于是在周天子的都城外摆阵阅兵(示威)。

　　周定王派王孙满去劳军(一来维持天子颜面,二来担任说客),楚庄王向王孙满询问"九鼎"的大小和轻重(暗示有意取周朝天下)。

王孙满对楚庄王说:"(想要得到天下)重点在德望,而不在九鼎。"

名句的故事

"九鼎"是大禹集合九州诸侯进贡的铜所铸造,作为天子的象征。

楚庄王听了王孙满的说词,便对王孙满说:"你想要阻挡我取九鼎吗?要知道,将我楚国所有的戟上面的弯钩,集合起来就足以铸造九鼎了!"(明言楚军强大,非周天子所能抵抗。)

王孙满晓以大义:"君王你忘了吗?九鼎代表的是天子统治天下的正当性。夏桀败坏政治,九鼎就移至殷(商)朝;殷纣暴虐无道,九鼎就移至周朝。只要君王英明,鼎虽小也很重;若君王昏庸,鼎虽大也很轻。如今周朝虽然王室中衰,可是天命未改,九鼎的轻重不是您可以问的(讽刺楚庄王德望不足)。"

历久弥新说名句

到了战国时代,秦王发兵向周天子索取九鼎。周朝大夫颜率向齐王游说:"秦国无道,周王室君臣认为与其给秦国,不如给齐国。"于是齐王出兵五万勤王。

秦兵退去,齐王乃索求九鼎。颜率再去见齐王,问:"请问要通过哪一国将九鼎送到齐国?"齐王左思右想,经过魏国、楚国都不妥当,结果打消了念头。

由前述两个"问鼎"的故事来看,周王室在春秋时代还可以义正辞严应付强大诸侯,到了战国时代就只能耍赖皮。虽然天下大位"在德不在鼎",但是自己没有实力又不思振作,还是保不住政权的。

名句可以这样用

春秋五霸当中,只有楚庄王"僭"称王,在"尊王攘夷"是主流思想的年代,楚庄王被王孙满顶了回去,也是活该!

对一些德望不足却"妄想"大位的人,可以用"在德不在鼎"讽刺之。

同声相应,同恶相求

名句的诞生

初,子比¹自晋归,韩宣子²问叔向³曰:"子比其济⁴乎?"对曰:"不就。"宣子曰:"同恶相求,如市贾⁵焉,何为不就?"对曰:"无与同好,谁与同恶?"

——楚世家

完全读懂名句

1. 比:春秋楚灵王的儿子。2. 韩宣子:晋国六卿之一。3. 叔向:晋国大夫。4. 济:成功的意思。5. 贾:读作gǔ,指做生意的人。

最初,楚国公子比从晋国回楚国时,韩宣子问叔向:"比有没有希望继位为楚王?"叔向说:"最终不会有结果。"韩宣子说:"(楚国人民共同的愿望是有一位新君以取代旧国君)国人有共同厌恶的对象，就会团结一致，好比商人追逐利润一般，为何会不成功？"叔向说："没有人与他同好，又有谁与他同恶呢？"（意思是"没有党羽就难以成功"。）

名句的故事

故事要从公子比的父亲楚灵王说起。楚灵王倒行逆施，国人苦不堪言，楚的世仇吴国就利用楚国流亡在外的两位公子比和弃疾，起兵作乱，杀了太子，灵王流亡到外国，死在异乡。

公子比先即位为王，可是只当了十几天，就被公子弃疾杀掉，弃疾成为楚平王。

历久弥新说名句

韩宣子问叔向的用意，是想预测公子比最终能否继位为楚王，若机会不错，韩宣子可以做一番政治投资。

可是叔向认为公子比不乐观，因为"取国有五难"：一要有贤人辅佐，二要楚国有内应，三要有策谋，四要有群众支持，五要有德望。

叔向并举齐桓公、晋文公为例（二君最初皆为流亡国外的公子，回国即位并成大功立大业），都是有贤臣追随、国内有人接应、外有大国为援，且在国人心目中有声望，才能成功立业。而公子比"无施于民，无援于外"，凭什么成功呢？

也就是说，纵使在位执政者施政再怎么差劲，挑战者若只靠"比烂"，终究不会成功。

名句可以这样用

这两句的最原始出处是《易经》："同声相应，同气相求"，后来衍生为"同声相应，同恶相求"。前者用在志同道合，后者用在一同作乱。另外，"同气连枝"是指兄弟姐妹血肉相连。

天与弗取,反受其咎

名句的诞生

范蠡曰:"会稽之事,天以越赐吴,吴不取。今天以吴赐越,越其可逆天乎?且夫君王蚤¹朝晏²罢,非为吴邪?谋之二十二年,一旦而弃之,可乎?且夫天与弗取³,反受其咎⁴。伐柯⁵者其则不远,君忘会稽之厄⁶乎?"

——越王勾践世家

完全读懂名句

1. 蚤:"早"的意思。2. 晏:"晚"的意思。3. 弗取:指不取。4. 咎:责罚,灾祸。5. 伐柯:持斧头砍伐树木用来做斧柄。6. 厄:灾难。

范蠡(对勾践)说:"当年我们被吴军围困在会稽山,当时是上天将越国赐给吴国,吴国没有收取。如今上天将吴国赐给越国,越国岂可违背天意?而且,国君您22年来每天早起晚睡,为的不就是吴国吗?就这样丢弃机会,可以吗?不接受上天的恩赐,将反过来受到上天的责罚,砍伐树木者不可忘了斧柄的大小模样就在旁边(这次是被砍的树木,将来会变成伐木的斧柄),您难道忘了当年在会稽山的灾难吗?"

名句的故事

勾践"卧薪尝胆"复国的故事不再赘述,"十年生聚、十年教训"之后,攻进吴国首都姑苏,吴王夫差派大夫公孙雄袒露上身,用膝盖前行向勾践求和,姿态屈辱而言词卑恭,勾践被这种低姿态打动,有意答应讲和。范蠡于是说出前述言论,打消了勾践的念头,吴王夫差自杀,吴亡。

历久弥新说名句

这句名言常见于劝人取"大位"之时,举两个例子:

《汉书》中叙述,项羽、刘邦相持不下时,蒯彻游说当时拥兵山东的韩信反叛刘邦,据齐自重,可以形成鼎足三分的局面。当时他就说:"天与弗取,反受其咎;时至(机会到来)不行,反受其殃。"但是韩信并未接受他的意见。

《三国演义》描写到,曹丕篡汉,诸葛亮劝刘备称帝"以嗣汉统",刘备犹豫不决,诸葛亮也是用"天与弗取,反受其咎"

说服了刘备。

名句可以这样用

　　有时候,机会来得很突然,把握突然来的机会是一种特殊才能,一般人经常失之交臂。但是像勾践那样,已经含辛茹苦奋斗了22年,若是一时软了心肠,那就真的可能"反受其咎"了。

　　在当今这个功利社会中,谦让甚至已经不再是一种美德,"天与弗取"根本可视为商战场上一种性格缺陷!套用西方语言则是"对敌人仁慈,就是对自己残酷"。

可与共患难,不可共安乐

名句的诞生

勾践以霸,而范蠡称上将军。还反国,范蠡以为大名[1]之下,难以久居,且勾践为人可与同患,难与处安[2],为书辞勾践。

——越王勾践世家

完全读懂名句

1. 大名:有极高的名誉声望。2. 处安:处于安乐。

勾践灭吴之后,一时成为诸侯霸主,封范蠡为上将军。回到国内,范蠡觉得,国君的威名如日中天,他这个功臣恐怕没有太多好日子可以过。而且他看透了勾践的为人,只能和他共患难,不能和他共享安乐,就上书请辞。

名句的故事

范蠡的上书采"以退为进"策略:"我听人说过:国君忧心时,臣子要加倍努力;国君受羞辱,臣子要为国捐躯。从前国君在会稽山受辱时,我之所以不死,为的就是今天(雪耻复国并且扬威国际)。如今既已大功告成,请准许我为会稽之耻而死。"

会稽之耻,当时其实是文种去(膝行)请降,范蠡去吴国当人质。所以勾践安抚范蠡:"我将分一半权力给先生,一同治国,否则我就不得好死。"

范蠡既已看透勾践,听了这番话更加不安。于是收拾较轻便的珠玉财货,带着家人(传说中带了西施同行)乘船出海,到山东去经商,后来成为巨富,也就是财神陶朱公。

历久弥新说名句

西汉景帝时,发生七国之乱,太尉周亚夫领军平乱,后来当了丞相。可是周亚夫只懂军事,不懂政治,不但开罪了太后和皇室亲贵,后来甚至还顶撞皇帝。

有一次,汉景帝请周亚夫到宫中吃饭,桌上只有一块没切开的肉,而且也只放了一双筷子。周亚夫向侍者要筷子,景帝开口说话了:"难道你还不满足吗?"此话一出,周亚夫猛然醒悟,脱下官帽,跪地谢罪。但已太迟了,后来被"诬以谋反"下狱,在狱中绝食五天，呕血而死。周亚夫就是缺少范蠡的智能，才落得如此结局。

名句可以这样用

"大名之下，不可久居"，是说帝王（老板）功业如日中天时，心理上一定会不可一世，臣下就得戒慎恐惧，即使是功臣也要知所进退，千万不可以露出一丝一毫想要"分肉"的非分之想。特别是皇帝以"分享权力"试探的时候，尤其是那种"只能共患难，不能共安乐"的皇帝。

狡兔死，走狗烹

名句的诞生

范蠡遂去，自齐遗大夫种¹书曰："蜚²鸟尽，良弓藏；狡兔死，走狗烹。越王为人长颈鸟喙³，可与共患难，不可与共安乐，子何不去？"种见书，称病不朝。

——越王勾践世家

完全读懂名句

1. 种：指文种，字会，春秋楚国郢人，后为越大夫。与范蠡一起辅佐越王勾践，灭吴功成。2. 蜚：同"飞"。3. 鸟喙：指鸟嘴，或像鸟嘴的形貌。喙，读作 huì。

范蠡走了以后，自齐国寄一封信给大夫文种，信中写道："飞鸟都猎尽以后，猎人就会将良弓收起来不用了；狡兔都杀完以后，就会轮到猎犬被烹煮。越王的外貌，脖子长而嘴似鸟喙，

（相法说）这种人只可以和他共患难，不可以共享安乐，你为什么还不离去呢？"文种读完这封信，就以生病为理由而不上朝。

名句的故事

范蠡和文种是勾践复国的两大功臣，范蠡曾对勾践说："军事方面，文种不如我；可是民政方面，我不如文种。"因此，越国大小政务都交给文种负责。

然而，后来勾践并不因文种"退出政坛"而放过他，反而赐文种一把剑，说："先生曾经提出七项打败吴国的策略，我只采用了其中三项就灭了吴国，还有四项在先生胸中，请你带着这四个策略，为我去侍候先王吧！"

这番话每一句都是"高帽子"，但是奉承话讲了半天，就是要文种自我了断，于是文种用那把剑自杀。

历久弥新说名句

汉高祖刘邦在平定天下之后，不放心韩信，先将他由齐王改封楚王（拔去根据地），后来再褫夺他的兵权、取消他的楚王，改封淮阴侯。

韩信当时就说出："狡兔死，走狗烹；高鸟尽，良弓藏；乱国尽，谋臣亡。"而韩信又犯了和文种同样的错误：称病不朝。

称病不朝，看在封建帝王眼中是"不臣"的表现，只会更加深皇帝的杀机。

名句可以这样用

　　兔死狗烹、鸟尽弓藏的故事不断上演，古代、现代都一样。即使在工商企业当中，曾经为老板打下一片江山的高级干部，如果不懂得这个道理，在阶段任务完成以后，不自己"藏"，就难保不被"烹"——资遣或被迫退休。

千金之子不死于市

名句的诞生

朱公[1]中男杀人,囚于楚。朱公曰:"杀人而死,职也。然吾闻千金之子[2]不死于市[3]。"告其少子往视之。

——越王勾践世家

完全读懂名句

1. 朱公:陶朱公,春秋时楚人范蠡。与文种同事越王勾践二十余年,助越灭吴,尊为上将军。范蠡认为可与勾践共患难,难与共享乐,于是离开越国前往齐国。至陶,因善于经商而成为巨富,自号陶朱公。2. 千金之子:指富家子弟。3. 市:人群聚集的地方。

陶朱公(有三个儿子)的次子因为杀人而被囚在楚国。陶朱公说:"杀人偿命是理所当然。可是,我听人说过:富贵之家的儿子不应该被当众处决。"就派他的小儿子前往楚国,相机营救。

名句的故事

陶朱公准备了黄金(黄铜)千镒交给小儿子前往"打点",可是他的大儿子坚持要去救二弟,陶朱公不得已,只好让大儿子前去,临行嘱咐:"到了楚国,将这千金交给庄先生,一切由他安排,你不要参加任何意见。"可是大儿子仍不放心,私自又多带了数百金去。

到了楚国,将千金交付庄先生,庄先生请大少爷赶快离开楚国。可是大儿子仍待在楚国,并且私下另寻门路,贿赂楚国的有力人士。

庄先生虽然家贫,可是颇有民调声望,楚王很尊重他。他利用机会对楚王说:"最近天上星象有变,可能不利楚国,陛下可以考虑施仁德以感动上天。"于是楚王决定颁布大赦,先派人封锁府库。

大儿子走的"门路"闻讯赶紧告诉这个消息,说:"大赦之前,为了怕消息一旦走漏,会有人去府库窃盗,再等待大赦。所以,封锁府库是颁布大赦的征候。"

大儿子听此消息,就去向庄先生辞行,说:"传闻将有大赦,我可以放心了,所以来辞行。"庄先生听懂他的言下之意,就请大儿子将千金带回去。

可是庄先生对此很恼怒,就去向楚王说:"外界传闻,这次大赦是为了陶朱公的儿子。"楚王于是下令：先处决陶朱公的二公子，再颁布大赦。

大儿子带着千金和弟弟的遗体回去，陶朱公说："我早就知道是这种结果。因为老大从小和我一道过苦日子（卧薪尝胆时期），所以舍不得财物；老三则出生就在富裕家庭（陶朱公时期），不会吝惜千金，所以我最初要派他去。"

历久弥新说名句

"千金之子不死于市"其实也有司法黑暗的意涵，明清章回小说中经常出现"有钱则生，无钱则死"，就是描述"有理没钱莫进衙门"的贪墨腐败风气。

名句可以这样用

陶朱公对老大、老三的透彻了解，正是"知子莫若父"名句的最佳范例。而他从政能急流勇退，从商能成名天下，与他洞见人心的功力大有关系。

见毫毛而不见其睫

名句的诞生

齐使者曰:"幸也越之不亡也!吾不贵其用智之如目,见毫毛[1]而不见其睫[2]也。今王知晋之失计,而不自知越之过,是目论也。王之所待[3]于晋者,非有马汗[4]之力也,又非可与合军连和也,将待之以分楚众也。今楚众已分,何待于晋?"

——越王勾践世家

完全读懂名句

1. 毫毛:人类或鸟兽身上的细毛,比喻微小或很少的部分。2. 睫:睫毛。3. 待:期望。4. 马汗:指作战时,战马因奔驰而大量出汗,常用来比喻战功,或工作的辛劳。

齐国使者说:"越国没有灭亡,真算是幸运啊!一个人的智能如果像眼睛一样,能看清楚毫毛却看不到自己的睫毛,这种智能实在没什么可贵！大王只知韩魏（三家分晋后，仍通称晋）的失策，而不自知越的过失，那就跟上述理论一样了！大王您期待于韩魏的，不是要他们为你出力打仗，也不能期待与他们结盟联军，只是期待他们为越国分散楚国兵力而已。但现在楚国兵力已经分散了，哪还需要韩魏帮助呢？"

名句的故事

越王勾践灭吴之后，起兵争霸中原，曾一时无敌于天下。他死后，六传到越王无疆，又向北攻打齐国，向西攻打楚国。齐威王面对这个好战的小国，不胜其扰，就派出使者去游说越王无疆，陈析"攻楚才是越国要务，何必攻齐"。无疆说："攻齐是为了震动韩魏（越与三晋不接壤，欲用"驱狼赶虎"之计），希望他们屯兵南方边界，牵制楚国军力而已。"

于是齐国使者为越王做了上述分析，并建议直接攻打楚国。于是越王无疆果然兴兵攻打楚国，结果兵败身死。越王室成员争相抢位，个个称王称君，却都向楚国称贡，越国就此散亡了。

历久弥新说名句

《孟子·梁惠王》中记载孟子问梁惠王："若有人对你说'我的力量能够举起百钧（一钧三十斤），却拿不起一根羽毛；眼力能明察秋毫（动物的毛到秋天最细），却看不见一车子的薪柴'，您相信他吗？"梁惠王说："不信。"

孟子的寓意与齐国使者的论点恰恰相反，但都是以眼力作比喻。

名句可以这样用

"见毫毛而不见其睫"是事物实情，眼睛看不到睫毛是当然，意指"人的智能应超越眼前所见"；"明察秋毫，不见舆薪"则是讽刺一个人太过于"见小不见大"。

不到黄泉不相见

名句的诞生

庄公迁¹其母武姜于城颍,誓言曰:"不至黄泉²毋相见也。"居岁余,已悔思母。颍谷之考叔³有献于公,公赐食。考叔曰:"臣有母,请君食赐臣母。"庄公曰:"我甚思母,恶负盟,奈何?"考叔曰:"穿⁴地至黄泉,则相见矣。"于是遂从之,见母。

——郑世家

完全读懂名句

1. 迁:变换地方,此处有放逐、贬谪的意思。2. 黄泉:古代认为天地玄黄,而泉在地下,故称"黄泉",指人死后居住的地方。3. 考叔:人名。春秋时郑国颍谷封人。4. 穿:挖掘,挖凿。

郑庄公将他的母亲武姜迁(放逐)到城颍,并且发誓说:

"不到黄泉绝不相见。"（意谓到死不往来）可是过了一年多就开始思念母亲。

颍谷地方的考叔向郑庄公进献，庄公赐食物给他，考叔说："我家有老母，请求将国君的食物改赐我的母亲。"庄公（闻言感慨）说："我非常思念母亲，可是又害怕违背誓言（若背誓相见，恐有生命危险），该怎么办？"

考叔出了个点子："向地下挖隧道，一直见到泉水（掺杂泥土，必呈黄色），不就可以相见了吗？"郑庄公照做了，母子在地穴中相见。（并且携手同出，恢复亲子和睦。）

名句的故事

郑庄公为何要放逐母亲？因为母亲偏爱弟弟叔段，一再为弟弟要求更大的封邑，弟弟并得寸进尺，不断扩充地盘。甚至连郑国大夫们都看不过去了，一再要求郑庄公"解决"这个潜在的祸患，庄公则一再要大夫们忍耐，说："多行不义必自毙（名句语出此典，记载于《左传》），你们姑且再等一等。"

后来，叔段决定起兵造反，并且有母亲武姜作为都城内应。郑庄公这才发兵平乱，叔段逃亡国外，庄公对母亲的作为很恼怒，因此放逐母亲。

历久弥新说名句

郑庄公对弟弟的做法,表面上看来是仁至义尽,可是后世评论(如《东莱博议》),却有人认为他是刻意"纵欲养恶",用心"至险"(极度阴险),并且以周公诛杀管叔、蔡叔做对比,这类评论认为不应为了个人沽名钓誉,陷国家、人民、军队于战争灾难。

名句可以这样用

"不到黄泉不相见"是一句极端的话,英文类似用语是"over my dead body"——除非我死了,好莱坞电影中常听到。

成大功者不谋于众

名句的诞生

王曰:"今吾将胡服¹骑射以教百姓,而世必议寡人,奈何?"肥义²曰:"臣闻疑事无功,疑行³无名。王既定负遗俗之虑,殆无顾天下之议矣。夫论至德者不和于俗,成大功者不谋于众,(……)则王何疑焉?"

——赵世家

完全读懂名句

1. 胡服:北狄的服装。2. 肥义:赵国大臣。3. 疑事、疑行:都指做事犹豫不决。

赵武灵王(对老臣肥义)说:"我想要用胡服骑射来教育(训练)百姓,但是世俗的意见一定会议论我,该怎么办呢?"肥义说:"做事一旦心生顾虑不会成功,行动一旦犹豫不决就不会得到好评。大王既然决定要改革旧俗，就不必顾虑天下俗人的议论。凡是讲求最高道德者，不能附和世俗；成就大功者，不可以跟大众商量。（……）大王还有什么好顾虑的呢？"

名句的故事

　　战国赵武灵王胡服骑射是一大改革。在此之前，中国的战术是以车战为主，兵车一乘配备步兵三百人，但是北方游牧民族开始兴起，胡人的骑兵比汉族的战车灵活（例如更方便跨越壕沟），而胡人的服装较利于骑射。赵国地处北方，正面受到胡人的冲击，于是武灵王决定将全国改成胡服（方便骑马），并训练国人骑射。

　　然而，自周公以来的各项制度、礼仪深植人心，要求全国军民改穿胡服谈何容易？赵国的士大夫几乎都不乐意。

　　肥义是重臣，武灵王先得到他的支持和鼓励，再说服叔叔公子成，公子成第二天穿了胡服上朝，武灵王这才正式发布改穿胡服的命令，也造就了赵国一段时间的霸业。

历久弥新说名句

　　到了南北朝时，北魏孝文帝拓跋宏决定全面汉化，也遭到鲜卑贵族的全面抵制，孝文帝先说服皇室中最有力量的任城王拓跋澄，再得到弟弟咸阳王拓跋禧的支持，终于完成胡人汉化大工程。另一位兄弟拓跋祯当时就引用"成大功者不谋于众"这句名言表达支持立场。

中华民族的不断茁壮,其实是三千年来不断民族融合有以致之,如果始终坚持族群纯化,就不会有唐朝和清朝的盛世。

名句可以这样用

"成大功者不谋于众"是精英政治的标杆。然而,精英政治与民主政治并不相悖,其交集就在于"说服"。若"不谋于众"却独断独行,甚至高压强行,那就是独裁;但若事事谋于众人,其结果必致一事无成或牛步难行。只有精英谋划加上说服众议,才能方向一致,顺利推行。

国乱思良相

名句的诞生

魏文侯谓李克曰:"先生尝教寡人曰'家贫则思良妻,国乱则思良相'。今所置非成则璜[1],二子何如?"

——魏世家

完全读懂名句

1. 非成则璜:指非魏成就是翟璜。

魏文侯对李克说:"先生曾经教导我'家境贫穷就想要好的妻子,国家难治就想要好的宰相'。现在我想要任命宰相,大致不出魏成或翟璜二人之一,您的看法如何?"

名句的故事

战国时代初期,魏国最为强盛,就是因为魏文侯礼贤下士,各方人才荟萃。

　　魏文侯向元老李克征询对宰相人选的意见,李克先以"卑不谋尊,疏不谋戚"推托,魏文侯一定要他表示意见,李克提出"五条件说":"日常生活观察他和谁亲近,有钱则观察他如何施与,做大官观察他推荐哪些人,不得志时观察他不做什么事,贫穷时观察他不会取什么东西。以这五个标准就可以决定宰相人选,何必我来说呢?"

　　李克出来后,拜访翟璜,翟璜向他打听:"国君将任命谁为宰相?"李克说:"应该是魏成吧!"

　　翟璜脸色大变说:"我哪一点不如魏成?吴起是我推荐的,西门豹、乐羊也是我推荐的,他们都立了大功,我甚至推荐你担任中山太守,我哪一点不如魏成!"言下大有责备李克的意思。

　　李克说:"你推荐的都是人才,可是国君只不过用他们为臣;魏成推荐卜子夏、田子方、段干木,这三人都成为国君的老师。我由此推测魏成将被任命为宰相。"

历久弥新说名句

　　翟璜推荐过很多人才,个个都担当重任,却也可能引致国君对他的疑虑,担心他的党羽势力太大。

　　唐朝武则天大权独揽时,娄师德推荐狄仁杰担任宰相。武则天有一次问狄仁杰:"娄师德才能如何?识不识人才?"狄仁杰都未做正面肯定。武则天说:"你这个宰相可是娄师德推荐的哟!"

狄仁杰表示惭愧。

武则天疑心极重，狄仁杰有可能借此表示"与娄师德无私交"，以免武则天猜忌。

名句可以这样用

李克是个老狐狸，不指名推荐谁，却提出了五个选择条件，"条件说"在政治上被广为运用，可以用来锁定某人，也可以用来排除某人，甚至工程发包采用"规格标"，都是"条件说"的妙用！

燕雀安知鸿鹄之志

名句的诞生

陈涉¹少时尝与人佣耕,辍²耕之垄³上,怅恨久之,曰:"苟富贵,无相忘。"庸者笑而应曰:"若为庸耕,何富贵也?"陈涉太息⁴曰:"嗟乎,燕雀安知鸿鹄⁵之志哉!"

——陈涉世家

完全读懂名句

1. 陈涉:就是陈胜,字涉,秦阳城(今河南省登封县东)人。秦二世时,与吴广起兵,天下之士相率归向。不久自立为楚王,势力颇大,后来为部下庄贾所杀。2. 辍:停止。3. 垄:田埂。4. 太息:大声地叹息。5. 鸿鹄:大鸟,比喻志向高远的人。

陈胜小时候曾经当佣工帮人耕田。有一次在休息时,站在田埂上面,怨叹自己命不好,对同伴说:"有朝一日我富贵了,一定不会忘记你们。"其他佣工笑他:"你只是一个帮人种田的农夫,怎么可能富贵?"陈胜长叹一口气,说:"燕雀这种小鸟怎么能知道鸿鹄这类大鸟的志向呢?"

名句的故事

秦二世时,陈胜和吴广被征召派去北方戍守,却因为下大雨、道路不通,困在大泽乡,误了规定报到的时间。依据秦朝的严苛法令,戍卒逾期报到,罪当斩首。陈胜与吴广研判自己的命运:"迟报到必死,逃亡也是死,造反则了不起一死。反正要死,干脆拼一记,搞不好成就大业。"于是,九百戍卒揭竿起义,敲响了秦帝国第一声丧钟。陈胜对同志们说:"王侯将相难道是天生的吗?"一时四方响应,兵力快速扩张到数万人,陈胜自立为主。

历久弥新说名句

陈胜称王以后,有一位昔日种田伙伴去找他,陈胜很高兴,留他在宫内做客。可是这位老朋友不懂规矩,经常对人讲述陈王贫贱时期的事情(包括糗事)。因此,有人对陈王说:"你这位客人口没遮拦,会折损你的威望。"陈胜于是斩了这位昔日同伴。

一个农夫的"鸿鹄之志"推翻了一个帝国,可是"鸿鹄最终却杀了燕雀",正显示陈胜气度不够宽广。而后世有许多开国君王诛杀功臣，也多是因为昔日伙伴一下子没能适应"同伴成了皇帝"，坏了君臣规矩，也丢了脑袋。

名句可以这样用

"将相本无种"是平凡人有志气的豪语，然而立志贵在有明确方向（志向）。同样是起义抗秦，项羽见到秦始皇阵仗时说的"彼可取而代之也"，志向明确、规模宏大，堪与陈胜"鸿鹄之志"（口气大但却抽象）对照。

子以母贵,母以子贵

名句的诞生

大行[1]奏事毕,曰:"'子以母贵,母以子贵',今太子母无号,宜立为皇后。"景帝怒曰:"是而所宜言邪!"遂弃诛[2]大行,而废太子为临江王。

——外戚世家

完全读懂名句

1. 大行:掌礼仪之官。2. 弃诛:杀害,铲除。

礼官在奏事完毕之后,向皇帝建言:"古书上说'子以母贵,母以子贵',如今太子的母亲尚未有称号,建议立为皇后。"汉景帝大怒,说:"这件事是你该讲的吗?"下令诛杀大行,并且将太子废为临江王。

名句的故事

汉景帝还是太子的时候，祖母薄太后为他选了一位娘家女子为妃，景帝即位后，立为薄皇后。薄皇后没有生儿子，在薄太后驾崩之后，就废了薄皇后。

由于皇后无子，景帝立长男刘荣为太子。太子的母亲是栗姬，最有希望立为皇后，可是却因为没答应长公主（皇帝的姊姊）的女儿为太子妃，后宫另一位妃子王夫人答应了长公主，于是长公主一有机会就在弟弟前面讲栗姬坏话，主张立王夫人为皇后。

汉景帝正为后宫纷争烦心，那位"大行"偏不识趣，结果丢了脑袋。栗姬则因此忧恨而死，王夫人被立为皇后，儿子就是后来的汉武帝，长公主的女儿后来就成为皇后。

历久弥新说名句

那位"大行"引的古书是《公羊传》，记载春秋鲁国隐公、桓公兄弟俩先后为君，隐公是哥哥，但母亲出身寒微，桓公的母亲则是宋国国君的女儿。《公羊传》对此演绎了一大套"立长"还是"立嫡"的道理，简单说，都是为国君就大位"合理化"。

子以母贵，所以母亲是皇后，儿子虽排序在后仍为"嫡子"，理当为太子；母以子贵，所以儿子当了太子，母亲就该是皇后，若儿子当上了皇帝，母亲就成了太后。两者之间其实有矛盾之处，而最终还是后宫权力斗争决定。

名句可以这样用

回头体会一下，战国时李克回答魏文侯的"疏不谋戚"真是明智啊！历史上后宫夺床、夺嫡的血淋淋故事多到不胜枚举，外臣卷进皇家权力斗争，几乎都没有好下场。

所幸今天是民主时代，国家领导人由人民投票决定。可是，在一些财团家族里面，这一幕仍不断地上演。

生男无喜,生女无怒

名句的诞生

卫子夫[1]立为皇后,后弟卫青[2]字仲卿,以大将军封为长平侯。四子皆为侯,贵震天下。天下歌之曰:"生男无喜,生女无怒,独不见卫子夫霸天下。"

——外戚世家

完全读懂名句

1. 卫子夫:卫皇后,字子夫,西汉武帝之后。本是平阳侯府中的歌女,服侍平阳公主,后入宫为夫人,生了一男,立为皇后。2. 卫青:字仲卿,汉平阳(今山西临汾)人。汉武帝时的名将,任大将军讨伐匈奴,立功,封为长平侯,卒谥烈。

汉武帝立卫子夫为皇后,卫子夫的弟弟卫青字仲卿,官居大将军,爵封长平侯,他的四个儿子都封侯,一家显贵名震天下。

民间歌谣唱着:"生男孩无须欢喜,生女孩也不必生气。难道没看见卫子夫一家人称霸天下?"

名句的故事

馆陶长公主将女儿陈阿娇嫁给王夫人的儿子刘彻,姑妈馆陶公主曾经跟侄儿刘彻开玩笑:"将来你要如何善待阿娇?"刘彻说:"我用黄金盖一间屋子给她住。"这就是"金屋藏娇"成语的典故。

刘彻后来成了汉武帝,而馆陶公主总以为武帝的皇位是她帮忙弄到的(王夫人立为皇后,刘彻立为太子),所以阿娇(陈皇后)骄纵异常。后来因为没有生儿子,所以被废了后位。

卫子夫本来是武帝姊姊平阳公主的侍女,武帝拜访姊姊时,在公主府"临幸"了卫子夫,于是平阳公主将卫子夫送进宫中,后来被立为皇后。

平阳公主的丈夫早死,寡居多年。后来卫青因为带兵征伐匈奴屡建大功,升官封侯,武帝下诏卫青娶平阳公主。

(注:这句名言出处不在司马迁原版本,而是后人"褚先生"在章末加注。)

历久弥新说名句

农业社会中,生男孩代表多一份"劳动力",生女孩则长大了要嫁出去，于是重男轻女的观念乃深植人心。

然而，"裙带"的威力有时候大到难以想象，卫子夫是一个例子，唐代的杨贵妃又是另一例。杨贵妃的堂兄杨国忠当宰相，她的姊妹都封夫人，因而白居易在《长恨歌》中写道："遂令天下父母心，不重生男重生女。"

名句可以这样用

男尊女卑的时代已经过去，可是传宗接代的观念依然存在，因而还是有人千方百计想生男孩。两千多年前的名言，真该重新体会一下！

当断不断,反受其乱

名句的诞生

　　齐王乃与其舅父驷钧、郎中令祝午、中尉魏勃阴谋发兵。齐相召平闻之,乃发卒卫王宫。魏勃绐[1]召平曰:"王欲发兵,非有汉虎符[2]验也。而相君围王,固善。勃请为君将兵[3]卫卫王。"召平信之,乃使魏勃将兵围王宫。勃既将兵,使围相府。召平曰:"嗟乎!道家之言'当断不断,反受其乱',乃是也。"遂自杀。

——齐悼惠王世家

完全读懂名句

　　1. 绐:欺骗、欺诳的意思。2. 虎符:古代掌管军队或用兵的虎形兵符。3. 将兵:统率士兵的意思。

　　齐王与舅舅驷钧、郎中令祝午和中尉魏勃私下计划出兵(讨伐诸吕),齐国丞相召平听到传闻,就要发兵包围王宫。(汉时封国宰相是中央所派，兼有辅佐和监视的作用。）

魏勃诓召平，说："王要发兵，并没有朝廷虎符（意欲造反），丞相包围王宫，实在是正当行为，我自请带兵执行任务。"于是将指挥权交给魏勃，魏勃取得指挥权以后，反过来包围了丞相府。召平说："唉！道家有所谓'该做决断的时候不决断，反过来受到（犹豫不决的）伤害'，不就是这样吗？"自杀而死。

名句的故事

汉高祖刘邦死了以后，吕太后当权，政事一把抓，并且大封娘家兄弟为王，眼看刘家天下不保，史称"诸吕之祸"。

刘邦的大儿子刘肥是庶出，封为齐王，刘肥死后，刘襄继承，就是前述所提到的齐王。刘襄的弟弟刘章封朱虚侯，在中央朝廷做官，有勇力，不畏惧吕太后，因此成为朝中忠于刘氏大臣的后盾。

吕太后驾崩，诸吕企图夺权，刘章就派人联络老哥齐王出兵。齐王排除了召平这个绊脚石以后，又骗取琅琊王的兵马，挥军西进。但是人算不如天算，元老周勃、陈平已经诛杀了诸吕，琅琊王在诸大臣前面数落齐王的不是，于是众议迎立代王为帝（汉文帝），并且要求齐王退兵。

历久弥新说名句

项羽在鸿门宴时未下决心杀刘邦,韩信在蒯彻鼓励他造反时下不了决心,最终都败在刘邦手下,都是"当断不断,反受其乱"的见证。

名句可以这样用

"当断不断,反受其乱"这句名言应当随时记取在心,因为机会总是一闪即逝,机会来时犹豫不决,一旦错失,悔之晚矣。

孺子可教也

名句的诞生

良殊大惊,随目之。父去里所,复还,曰:"孺子¹可教矣。后五日平明²与我会此。"

——留侯世家

完全读懂名句

1. 孺子:指幼童。2. 平明:指天刚亮的时候。

张良对老人的行径大为惊异,目瞪口呆地看着老人离去。老人走出一里外,又转回来(见张良仍然愣在那里),说:"小子值得我教导(有慧根)。五天后的日出时分,在这里与我相见。"

名句的故事

张良收买大力士椎杀秦始皇"误中副车",秦始皇下令全国地毯式搜索，张良改姓埋名逃到下邳避风头。有一天走在桥上，有一位老人故意将鞋子落到桥下，对张良说："小子，下去帮我捡上来。"张良起初想揍他，看他年纪大了，忍下性子，下去帮他捡鞋子。老人又说："帮我穿上。"张良跪下帮他穿鞋。老人连谢谢都不说一句，笑着离去。这就是张良愣在那里的原因——世上居然有这种人？

五天后，张良一大早去赴老人的约会，老人已经等在那里，生气地说："跟老人家约会，怎么可以迟到？五天后再来。"五天后，鸡一叫张良就去桥上，老人又等在那里，又要他五天后早点到。再过五天，张良半夜就去等候，这一次总算比老人先到。老人于是送他一套《太公兵法》，张良学会了兵法，辅佐刘邦平定天下。那位老人就是黄石公。

历久弥新说名句

刘邦和项羽争天下，全靠一个"忍"字——先攻进咸阳，忍住不称王；项羽把他封到汉中，忍气吞声去了；项羽要烹刘太公，刘邦还能说出"分我一杯羹"。

黄石公故意掉落鞋子，无理要求张良为他捡鞋、穿鞋，又刻意提早到达约会地点，两度叫张良回去"五日后再来"，就是为了测验他的耐性。证实了耐性之后，才确认"孺子可教也"，值得传授这套《太公兵法》。

名句可以这样用

当老师最大的成就感是"得天下英才而教育之"。但即使是现今的考试制度,同一学校、科系的学生都具有一定的程度水准,老师仍不免在发现一位可造之材时,兴起"孺子可教也"的欣慰之感。

忠言逆耳利于行，良药苦口利于病

名句的诞生

良曰："夫秦为无道，故沛公得至此。夫为天下除残贼，宜缟素¹为资²。今始入秦，即安其乐，此所谓助桀为虐。且'忠言逆耳利于行，毒药苦口利于病'，愿沛公听樊哙³言。"沛公乃还军霸上。

——留侯世家

完全读懂名句

1. 缟素：纯白色的绢，或是白色的丧服，此处表示俭素。2. 资：凭借的意思。3. 樊哙：人名。初以屠狗为业，后随刘邦起兵，高祖即帝位后，封舞阳侯，卒谥武。

张良（对刘邦）说："秦朝施行暴政，所以沛公您才能进入咸阳。我们既是为天下铲除残暴政权的义军，就该以朴素为本。

如今才刚刚进入咸阳,如果就安逸取乐,那就是所谓的助桀为虐。同时,忠诚的建言虽然听起来不顺耳,但是有利于事业成功;有功效的药物虽然味道很苦,但是有利于病情。希望沛公采纳樊哙的建议。"刘邦于是将部队拉回霸上驻扎。

名句的故事

张良辅佐刘邦,多次依据《太公兵法》向刘邦献策,渐渐建立了信任基础。刘邦进入咸阳之后,看到阿房宫的瑰丽,还有宫内的珠宝、美人、珍禽异兽,大为心动,很想住下来享受战果。樊哙劝他住到咸阳城外,刘邦不听,张良就对刘邦说了上述那番话,刘邦才撤出咸阳。这个决定,后来让项羽没有口实攻击刘邦,等于救刘邦逃过一劫。

历久弥新说名句

三国前期,袁绍与曹操在北方展开决战,袁绍的谋士田丰提出谏言,被袁绍斥为动摇军心下狱。等到袁绍在官渡大败,回军途中心想:"之前不听田丰之言,这下子难免被他讪笑。"就派人到狱中杀了田丰。

曹操领百万大军南下,在赤壁大败,想起郭嘉曾经劝阻他南进,当场痛哭表示对不起郭嘉(当时郭嘉已病故)。

袁绍失败、曹操成功,两人对"逆耳忠言"的反应,说明了领袖的胸襟是国家成败的重要因素。而刘邦一听"逆耳忠言"就采纳,显然又高过曹操一筹。

名句可以这样用

"忠言逆耳利于行,毒药苦口利于病"语出《孔子家语》,这"毒药"原本是"有效克制病菌的药"之意,后人改为"良药"以免误解。桀、纣分别是夏、商二代的末代国君,皆以暴虐亡国,"助桀为虐"与"助纣为虐"是一样的意思。

人生一世间，如白驹过隙

名句的诞生

吕后德留侯，乃强¹食之，曰："人生一世间，如白驹²过隙³，何至自苦如此乎！"留侯不得已，强听而食。

——留侯世家

完全读懂名句

1. 强：迫使。也作尽力的意思。2. 白驹：白色的骏马，引申为光阴、岁月。3. 过隙：跑过缝隙，比喻光阴消逝迅速。

吕后感念张良（封留侯）过去的帮忙，强迫他进食，说："人生这一辈子，有如白马奔过小缝隙那般快速，何必虐待自己到这种程度？"张良不得已，勉强遵命进食。

名句的故事

吕后为什么感谢张良？因为刘邦宠爱戚姬，一度想要废掉太子，改立戚姬的儿子赵王刘如意。张良担任太子少傅，设计请出四位长者"商山四皓"辅佐太子，刘邦见太子得人心，而且"羽翼已成"，就没有更换太子。

太子其实并没多少才能，由于母亲是皇后，子以母贵，所以立为太子；然而，一旦换了太子，母以子贵，戚姬将成为皇后，吕后地位不保，所以吕后感谢张良。

张良又为什么要绝食？因为眼见刘邦诛杀功臣，为求自保，就扬言："我要放弃人间俗事，追随仙人赤松子学道。"于是"辟谷食气"，也就是停止进食，以示没有追逐权力之心，化解刘邦的猜忌。

历久弥新说名句

秦始皇削平六国，大将王翦居功厥伟。有一次派他率领六十万大军出征楚国，出师前要求良田与宅邸，行军半途，又派使者回去要求更多土地，有人问他是不是太过头了？他说："秦王生性多疑，如今倾全国之兵交付给我，只怕他内心不安（我就会有危险），我如果不多要求田宅，以示为家人子孙做长远打算，岂不加深他的疑虑？"

王翦一族最终能在秦始皇手下安享富贵荣华，就是因为他的"先见之明"，得以避祸。与王翦齐名的另一位名将蒙恬（毛笔发明人）就没有那么好的下场。

名句可以这样用

　　"白驹过隙"最早出自《庄子》，是形容人生极短促，另一句"人生如朝露"，是比喻太阳一出来，早晨的露水就会蒸发掉了。也是劝人把握短暂人生的意思。

事兄如父,事嫂如母

名句的诞生

为平¹贫,乃假贷²币以聘³,予酒肉之资以内妇。负诫⁴其孙曰:"毋以贫故,事人不谨。事兄伯如事父,事嫂如母。"

——陈丞相世家

完全读懂名句

1. 平:指陈平,辅佐高祖屡出奇策,惠帝时,官至左丞相。
2. 假贷:借贷。3. 聘:指下聘,订婚时男方赠与女方的信物和礼物。4. 诫:警告,规劝。

(张负)考虑到陈平很穷,于是借钱给他来下聘,并且致送迎娶(孙女)的宴客酒肉费用。张负告诫他的孙女:"不可以因为对方家贫,而待人不恭敬谨慎。侍奉(陈平的)长兄陈伯要像侍奉父亲一样,侍奉嫂嫂,如同侍奉母亲。"

名句的故事

陈平继萧何、曹参之后担任丞相。他少年时家境贫穷,可是爱读书、不事耕作,陈伯自己耕田,放任陈平求学。长大后,陈平成为一个俊美男子,可是他的嫂嫂经常不屑地批评:"他也不过是个吃粗糠的货色。有这种不事生产的小叔,不如没有。"

地方上有一位富人张负,有个孙女嫁了五个丈夫都死了,没有人敢再娶她,陈平却对她有意思。有一次乡人办丧事,陈平去帮忙,非常卖力。张负在丧事完毕后尾随陈平回家,见他家虽然穷得连门都没有,可是门口却有很多车辙轨迹(客人都有地位),于是将孙女儿嫁给陈平。

有了老婆的祖父资助,陈平交游更广。后来群雄并起,陈平先投奔魏咎,再投入项羽帐下,都不得志,最后投靠刘邦,建立大业。

历久弥新说名句

陈平屡献奇计,深获刘邦重用,周勃、灌婴等向刘邦打陈平小报告,说陈平"在家乡时与嫂嫂通奸,平常又接受诸将贿赂"。

刘邦以此责备推荐陈平的魏无知,魏无知说:"陛下责问的是操守,我推荐的是才能。如今正处于战争期间,那种具有孝顺、诚信的美德,却无助于军事胜利的人,又有多大用处?"

其实，陈平有没有跟嫂嫂通奸，是一段公案，由前面故事看来，那位嫂嫂似乎还看不上陈平哩！

名句可以这样用

古时候家族规矩很多，父母亲过世以后，"长兄为父，长嫂为母"，也就是一家之长。到后来，不再用"侍奉"的观念，这两句就成了"敬兄如父、敬嫂如母"。换个角度来看，陈伯对待陈平的确有"长兄为父"的风范，当然也值得陈平的妻子"事兄如事父"了。

风萧萧兮易水寒
——列传

生我者父母,知我者鲍叔

名句的诞生

　　管仲曰:"吾始困时,尝¹与鲍叔贾²,分财利多自与,鲍叔不以我为贪,知我贫也。吾尝为鲍叔谋事而更穷困,鲍叔不以我为愚,知时有利不利也。吾尝三仕三见逐³于君,鲍叔不以我为不肖,知我不遭时也。吾尝三战三走,鲍叔不以我为怯,知我有老母也。公子纠败,召忽⁴死之,吾幽囚受辱,鲍叔不以我为无耻,知我不羞小节而耻功名不显于天下也。生我者父母,知我者鲍子也。"

　　　　　　　　　　　　　　　——管晏列传

完全读懂名句

　　1. 尝:曾经。2. 贾:买入卖出,指做生意。3. 见逐:被赶逐。见,此处表示被动。4. 召忽:管仲和召忽辅佐公子纠。在齐桓公的施压下,鲁庄公杀死公子纠,擒住管仲和召忽,准备将二人送还齐国发落。为了表达对公子纠的忠诚，召忽自杀，死前对管仲表示，他死了，公子纠便有以死事之的忠臣；管仲活着建功立业，让齐国称霸，公子纠也有生臣了。死者完成德行，生者完成功名，两人各尽其分。

管仲说："我从前贫困的时候，曾经和鲍叔合伙做生意，分配利润时总是多分给自己一些，鲍叔不认为我贪心，因为他知道我比较穷。我曾经为鲍叔谋划事情，结果反而搞砸了，鲍叔不认为我很蠢，因为他知道运气有时好有时不好。我曾经三次做官都被国君炒鱿鱼，鲍叔不认为我才能不足，因为他知道我还没有遇到好机会。我曾经三次在作战时逃亡，鲍叔不认为我怯懦，因为他知道我家有老母。公子纠失败，召忽自杀以明志，我则忍辱甘为囚犯，鲍叔不认为我缺乏羞耻心，因为他知道我不以小羞辱为耻，而以不能名扬天下为耻。生我的是父母，可是了解我的是鲍叔啊！"

名句的故事

管仲原本是齐桓公的政敌，而且还行刺齐桓公。可是齐桓公就位以后，鲍叔强力推荐管仲，齐桓公乃任用管仲为宰相，齐国大治，称霸诸侯。鲍叔虽有引荐之功，但仍然以长官礼节侍奉管仲，当时国际舆论都称赞鲍叔能知人。

历久弥新说名句

对照本书"国乱思良相"文中所选，翟璜推荐李克、魏成推荐子夏、娄师德推荐狄仁杰，都比不上鲍叔牙推荐管仲。官场中相互推荐，多为广结人脉；推荐别人当自己的上司，还能诚心执下属之礼，历史上还很难找到第二位。

名句可以这样用

"管鲍之交"因而成为形容朋友交情真诚不渝的成语。而后人对赏识自己才能的人表达感谢时，就常用"生我者父母，知我者某某"。事实上，以管仲自述的那些行为，一般来说，还真没有人愿意再跟那种人继续交朋友哩！

衣食足而知荣辱

名句的诞生

管仲既任政相齐,以区区¹之齐在海滨,通货积财,富国彊²兵,与俗同好恶。故其称曰:"仓廪³实而知礼节,衣食足而知荣辱,上服度则六亲固。四维⁴不张,国乃灭亡。下令如流水之原,令顺民心。"

——管晏列传

完全读懂名句

1. 区区:微小的意思。2. 彊:同"强",健壮,壮盛。3. 仓廪:储藏米谷之处。4. 四维:礼义廉耻。

管仲担任齐国宰相掌握政权,有鉴于齐国位处在海之滨(远离中原的偏远地区),所以致力于发展工商业、累积资财,齐国因而富裕且军费充足,并且和庶民俗众的好恶相一致。《管子》

书上说:"粮仓里米谷充实,人民才讲求礼节;家庭里衣食充裕,人民才有羞耻之心;在上位者遵行制度,亲族之间才能团结。礼义廉耻若不能为社会信奉,国家就要灭亡。政府的命令要如同水由高处向低处流动一般,不违逆自然(人性),就能令民心顺服。"

名句的故事

管仲担任齐桓公的宰相,当时的齐国处于内乱后的风雨飘摇之际,齐桓公是由贵族迎立而即位,贵族气焰嚣张。管仲进行经济、社会、军事多方面改革,而其根本是在"让老百姓富起来",降低贵族的影响力,方法是发展工商。

周朝的社会制度,士农工商阶级分明,"士"是统治阶级,"农"是本,"工商"是末。管仲提出"本末并重"的口号,工商阶级一跃而成为与士农阶级平行的专业化队伍。而"衣食足而知荣辱",这正是劳苦大众建立自尊心与自信心(向上心)的原理。国民自尊心与自信心建立以后,贵族的影响力自然相对减低。

历久弥新说名句

齐桓公出游,途中见到"郭公"留下的废墟(郭公想必是一个已灭亡的诸侯国君)。桓公问:"郭公的作风如何?"管仲说:

"郭公好好恶恶（同人民共好恶）。"桓公问："那怎么会亡国呢?"管仲说："郭公好好却不能行，恶恶却不能去，所以亡国。"这就是《管子》所说"下令要顺民心，更要实践力行"的真义。

名句可以这样用

民生是治国第一要务，若是经济不振、就业困难，治安一定不好，这就是"衣食足而知荣辱"的道理。一旦人民衣食不足，怎么可能禁止人们铤而走险？

但另一方面，人民衣食足而知荣辱以后，人权与自由的观念自然而然增强，民主的潮流将随之而至。

将在外,君命有所不受

名句的诞生

　　景公遣使者持节赦贾[1],驰入军中。穰苴[2]曰:"将在军,君令有所不受。"问军正曰:"驰三军法何?"正曰:"当斩。"使者大惧。穰苴曰:"君之使不可杀之。"乃斩其仆、车之左驸[3]、马之左骖[4]以徇[5]三军。

　　——司马穰苴列传

完全读懂名句

　　1.贾:指庄贾,春秋时,齐景公大臣。2.穰苴:司马穰苴,即田穰苴,田完的后裔,是春秋后期著名的军事家和军事理论家。3.驸:直木。4.骖:读作cān,古时在车旁边驾车的两匹马。5.徇:示众并宣布号令。

　　齐景公派出使者拿着国君的信物要求赦免庄贾,使者的马车奔驰进军营，穰苴说："将领身在军中，（即使是）国君的命令也有些不便接受。"问军法官："军营中车马奔驰该怎么办？"军法官说："依军法该斩。"使者大为恐惧。穰苴说："国君的使者不可杀。"于是斩了使者的仆从，砍断了马车车厢外左边的直木，又杀了左边那匹拉车的马，并且向全体部队展示。

名句的故事

齐景公时，晋国和燕国联合侵略齐国，齐军败战。宰相晏婴推荐田穰苴担任将军。穰苴对景公表示，由于自己原来的职等不高，担心"人微言轻"（成语出此典），希望能有一位国君宠信的大臣担任监军，用以服众，景公于是派庄贾担任监军。

穰苴和庄贾约定"明天正午在军营门口会合"。第二天，穰苴提前到达军营，设好刻漏（定时器）等待庄贾，可是庄贾因为亲友为他饯行而迟到，穰苴于是依军法要斩庄贾。

庄贾急忙派人报告齐景公求救，可是在国君使者到达以前，穰苴已经斩了庄贾。后来连国君的使者都受军法制裁，这种作风使得穰苴的军队军令森严。

历久弥新说名句

汉文帝时，首都长安外围设了三个卫戍部队的军营：霸上、棘门、细柳。文帝前往巡视军队，在霸上和棘门都受到毕恭毕敬的接待，到了细柳营区，营门卫兵说："军中只有将军之令，没有天子之诏。"于是，要求皇帝与随从的车马仪队一律徐徐而行，不起尘嚣，细柳将军周亚夫全副武装接待皇帝，并且"甲胄在身，不便下拜"。汉文帝对之印象深刻，告诉他的儿子汉景帝："将来若有什么事情，只有周亚夫可以担当重任。"后来，周亚夫平定"七国之乱"。

名句可以这样用

"将在外，君命有所不受"是带兵将领建立权威的一种技术，避免受后方不明战场军情人士的掣肘。可是，这和"跋扈"之间的分际得拿捏得恰好才行。穰苴杀庄贾是立威，如果斩了国君使节，就是跋扈了。

以下驷对上驷

名句的诞生

孙子曰:"今以君之下驷[1]与彼上驷,取君上驷与彼中驷,取君中驷与彼下驷。"既驰三辈毕,而田忌一不胜而再[2]胜,卒得王千金。

——孙子吴起列传

完全读懂名句

1. 驷:马。下驷指劣等的马,中驷指中等的马,上驷则指上等的马。2. 再:表示第二次、又一次或两次。

孙子(对田忌)说:"(我的策略是)用您速度第三快的马去和对方最快的马比赛,再用您最快的马和对方次快的马比赛,然后以次快的马对上对方第三快的马。"结果,赛完三场,田忌输一场、赢两场,得到了齐王的千金奖赏。

名句的故事

孙膑是孙武（《孙子兵法》作者）的后代，与庞涓一同在鬼谷子门下学兵法。庞涓学成下山，得到魏惠王赏识担任大将，但是心知自己的才能不及孙膑，于是私下差人去请来孙膑，却设计陷害他，斩断了孙膑的双足，并且在他脸上刺字，意欲使孙膑从此"报废"。

齐国的使者到大梁会见魏惠王，孙膑偷偷地见到齐国使者，一番交谈之后，使者发现孙膑胸中藏有韬略，就将他夹带出境回到齐国，受到齐国大将田忌的赏识。

齐国贵族流行赛马，每场以三阵定输赢。孙膑发现，其实各家的马速度差不了太多，可是比赛战术刻板，都是以己方最快的马对上人家最快的马，以此类推。于是他向田忌献策，采取前述策略，田忌既然因而得意于赛马场上，便将孙膑推荐给齐威王，使他成为齐国军师。

历久弥新说名句

孙膑的策略如今已被广泛运用在运动竞技场上。例如美国和欧洲高尔夫球两年一度的盛事"雷德杯"，双方各12名顶尖选手，实力相差其实不大，领队如何安排出赛次序乃煞费苦心。如果抓准了对方策略，就能收到"下驷对上驷，上驷对中驷，中驷对下驷"的效果，赢得胜利，抱回奖杯。

名句可以这样用

"二军"是一个现代常用的名词，源自日本棒球用语。而不论"下驷"还是"二军"，都是次等的意思。然而，二军表现得好就可以升上一军，下驷则贬义较浓。

以下驷对上驷实有牵制主力的用意，必须继以上驷对中、下驷，才能收到战果。否则若"吝惜"主力而不用，或因轻敌而派副将上场，结果招致败绩，就愚不可及了。

遂成竖子之名

名句的诞生

庞涓[1]自知智穷兵败,乃自刭[2],曰:"遂成竖子[3]之名!"(……)孙膑以此名显天下,世传其兵法。

——孙子吴起列传

完全读懂名句

1. 庞涓:人名,战国时魏将,与孙膑同学兵法于鬼谷子,因嫉妒孙膑的才能而断其足。后魏、齐交战,膑为齐将,困庞涓于马陵。2. 自刭:割颈自杀的意思。3. 竖子:指童仆、儿童,也当做骂人的话。

庞涓心里明白,局面至此已无计可施,败战无可挽回,于是自刎而死,自杀前(不甘心地)说:"居然让那小子(孙膑)就此成名。"(……)这场战役(马陵之役)使得孙膑名扬天下,后世流传他的兵法。

名句的故事

孙膑担任齐国军师,首次扬名立万是"围魏救赵"故事,此处不赘述。后来,魏国与赵国联军攻打韩国,韩向齐求救,齐威王派田忌为大将前往救援。孙膑随军参谋,故技重施,直捣魏国首都大梁。庞涓上次吃了亏,这次急忙抽调军队,回击齐军。

孙膑这次又出一招:齐军进入魏国境内以后,第一天挖十万军队的灶,第二天减为五万,第三天再减为三万。庞涓一面急行军,一面得到情报,研判"齐军逃亡情况严重",愈发轻敌,留下步兵(包括辎重粮食),以轻骑兵加速进军。

孙膑早已料中庞涓心理,在马陵道(地形狭隘的谷道)设下埋伏,选了一棵大树,砍下一大片树皮,在白色的树心木材上书写"庞涓死于此树之下",命令伏兵"夜晚见到火光之处,万弩俱发"。果然庞涓听说树上有字,叫人燃火把观看,暗夜之中,万箭齐至,魏军大乱,人马杂沓、相杀——庞涓兵败自杀。

历久弥新说名句

在汉时,虞诩领兵前往武都救援羌兵入寇,羌兵分兵沿路拦截,虞诩日夜急行军,下令军队在宿营时"逐日加灶"。参谋问他:"兵法有孙膑减灶,而您却加灶,是为什么?"虞诩说:"孙膑示弱是为了引庞涓加速来战，因为他实力转强。我们的情况则是兵力转弱，所以让羌兵以为我们兵力一直在增加，对方心有疑虑，就不敢轻举妄动。"因而顺利抵达武都，后来又用奇计击退羌兵。

名句可以这样用

庞涓既知孙膑比自己高明，却又轻敌急行军，败了以后又称孙膑为"竖子"，足见他既自卑又自傲的矛盾心理。心理不平衡就难以维持理智，嫉妒更是成功的头号敌人。

在德不在险

名句的诞生

武侯浮西河而下,中流[1],顾而谓吴起[2]曰:"美哉乎山河之固,此魏国之宝也!"起对曰:"在德不在险[3]。(……)若君不修德,舟中之人尽为敌国也。"武侯曰:"善。"

——孙子吴起列传

完全读懂名句

1. 中流:中游。2. 吴起:人名,战国时卫人。3. 险:指地形险阻。

魏武侯乘船顺西河而下,船至西河中游,武侯回头对吴起说:"这山河多么壮丽坚固,真是魏国的宝贝啊!"吴起回答:"(国家的宝贝)在于德政而不在于地形险阻。如果国君不行德政,这船上的人都会成为敌人。"武侯说:"你说得很对。"

名句的故事

吴起对魏武侯的说辞当中（前述原文之"……"），细述夏桀、商纣都有山河之险，可是都因为不修德政而亡国。这番话多少有教训的意味。魏武侯是继位新君，听到前朝老臣讲这种话，不可能顺耳，所以只淡淡地应了一句"善"，心里是不服气的。

后来，吴起被驸马和公主联手陷害，投奔楚国。

历久弥新说名句

吴起是卫国人，到鲁国为将，齐国攻打鲁国，鲁君有意用吴起领军，可是疑虑吴起的妻子是齐国人，吴起因而杀了妻子。虽然得以领军打败齐国，但也因此坏了形象，离开鲁国，投奔魏文侯。

魏文侯重用吴起，让他镇守西河，负责面对秦国与韩国方面的大任。之后，吴起又离开魏国到楚国，楚国因他而国富兵强，但后来卷入宫廷斗争被杀。

吴起这种"跨国人才"在今日国际化工商社会，必然成为大企业竞相延揽的对象。而且，吴起"在德不在险"这句话的原理仍然有效，"险"是公司的优势（如资金、产品等），但是"德"才是留住人才的法宝，留不住人才，再强也会变弱。

名句可以这样用

虽然说,吴起的说法有教训新君意味,但毕竟是对国君说话,"在德不在险"至少语气上很委婉。然而美国总统选举(1992年克林顿对老布什)时的口号:"笨蛋,问题在经济!"两句意思一样,口气可是完全不同!

以貌取人,失之子羽

名句的诞生

(子羽)南游至江,从弟子三百人,设取予去就,名施乎诸侯。孔子闻之曰:"吾以言取人,失之宰予[1];以貌取人,失之子羽[2]。"

——仲尼弟子列传

完全读懂名句

1. 宰予:孔子弟子,字子我,春秋鲁国人,也称宰我。
2. 子羽:孔子弟子,姓澹台,名灭明,字子羽,春秋武城人。

子羽到江南讲学,有三百名弟子追随他,他订下"什么该取、什么该给、何时该辞、何时该就(官位)"的标准,绝不苟且,在诸侯国际间博得名声。孔子听说后表示:"我以言辞判断人,看错了宰予;以外貌判断人,看错了子羽。"

名句的故事

宰予,就是那位白天睡觉被孔子批评"朽木不可雕也"的弟子,口才极佳、辩论犀利。担任齐国的临淄大夫,与田常一同作乱,失败而导致全族诛灭。孔子以他为耻。(注:这一段,《史记》与《左传》记载不同,此处引用《史记》。)

子羽本名澹台灭明,外貌长得很丑,追随孔子求学,孔子一直认为他才能不怎么样。学业告一段落之后,子羽离开孔门,自己修行。他的作风"行不由径,非公事不见卿大夫",也就是走路不抄快捷方式(比诸今日,就是不穿越草皮),除非为了公众事务不去见高官(不走门路,不做关系),是一位正直到了极点乃至有些过头的人。

历久弥新说名句

晋朝那位每天搬砖头练身体,连木片、竹头都要节省的都督陶侃,有一次,朋友向他推荐一位青年才俊,陶侃就亲身前往拜访。他见到那位青年才俊住在一间小屋里,满屋书画,棉被长时间不洗,头发又乱又长,陶侃掉头就走。回去对朋友说:"此人'乱头养望,自谓宏达',却连自己的居处都管不好,我不相信他有能力处理天下事。"

子羽是天生长得丑,但也是天性正直、一丝不苟,所以长久以后赢得名声。陶侃本人是天性勤俭,所以可以一眼看出那位年轻人是故做名士派,沽名钓誉。

名句可以这样用

　　世间事其实并不公平,至少在外貌上如此,俊男美女天生就占便宜。可是,西谚也说:"人的面貌,40岁以前父母决定,40岁以后自己决定。"相随心转,宁可让人家后悔"以貌取人,失之子羽",切莫自己"天生自弃难丽质"。

千人诺诺，不如一士谔谔

名句的诞生

赵良曰："千羊之皮，不如一狐之掖[1]；千人之诺诺[2]，不如一士之谔谔[3]。武王谔谔以昌，殷纣墨墨[4]以亡。君若不非武王乎，则仆请终日正言而无诛，可乎？"

——商君列传

完全读懂名句

1. 掖：通"腋"，指胳肢窝。2. 诺诺：连连答应的声音，表示顺从。3. 谔谔：è，直言无讳的样子。4. 墨墨：无声无息，通"默默"。

赵良（对商鞅）说："一千头羊的皮，价值不如一只狐狸腋下的皮；一千个人低声附和，不如一位知识分子直言争辩。从前周武王因有直言之士而兴起，商纣王因满朝默默之士而亡国。您如果不否定周武王的作风，那么我请求整天直言而不受刑罚，可以吗？"

名句的故事

秦孝公重用商鞅，变法图强，十年后，秦国国富兵强。可是商鞅因为削减了贵族的特权，受到很多怨愤与中伤。

曾经支持商鞅的秦国大夫赵良于是去见商鞅，前述发言是他的开场白，商鞅很大方地回答他："美丽的语言是花朵，真切的语言是果实；苦口婆心的语言是药石，好听的语言是疾病。你愿意整天直言，乃是治我病的药石，请不要客气吧！"

接下去，赵良一番长篇大论，意谓商鞅累积了太多怨气，一旦失宠于国君，等着"收拾"他的人可多着呢！但是商鞅不听。后来秦孝公去世，商鞅立即成为过街老鼠，最终自己被"车裂"（五马分尸），全家被屠杀。

历久弥新说名句

改革一定会有阵痛，改革一定不利于既得利益者。

"阵痛"是人民、社会的适应问题，熬过阵痛就是"新生的喜悦"；但是既得利益阶级的反扑，却经常毁灭了改革者。

宋代王安石变法、明代张居正改革都和商鞅变法一样，造就了国家富强；可是也都和商鞅一样，遭到既得利益集团的反扑。

王安石被黜下野,张居正死后被褫夺封号(很久以后才平反)。

名句可以这样用

低声下气的附和,我们用"唯唯诺诺";直言敢谏的人,我们用"谔谔之士"来肯定他。

毛羽未成,不可以高飞

名句的诞生

秦王曰:"毛羽未成,不可以高蜚[1];文理未明,不可以并兼。"方诛[2]商鞅,疾[3]辩士[4],弗用。

——苏秦列传

完全读懂名句

1. 蜚:同"飞"。2. 诛:惩罚,铲除。3. 疾:这里是憎恨、讨厌的意思。4. 辩士:指能说善道的人。

秦惠王(回答苏秦)说:"鸟的羽毛还没长成之前,不可以想要高飞;国家的政策方向尚未明确之前,不可以想去兼并他国。"由于秦国才刚刚处决了商鞅,不喜欢游说之士,所以不用苏秦。

名句的故事

苏秦追随鬼谷子求学，出师后到各国游说，不成功，穷途潦倒地回家，兄弟姊妹妻子都嘲笑他。苏秦闭门苦读，翻出姜太公《阴符经》钻研，一年后复出。

苏秦复出第一站是周王室，周显王不甩他；第二站是秦国，时机不对，秦惠王不接纳他；第三站到了赵国，又被拒绝；第四站到燕国，燕王说："先生若能教齐、赵等大国'合纵'（抗秦），让燕国不受这两个邻近强国的威胁，那么，寡人愿意加入合纵同盟。"

于是燕王交给苏秦车马金帛去游说赵国，有了后台资助，苏秦的运气也到了，连续游说成功赵、韩、魏、齐、楚，最后"身佩六国相印"，成为战国时代最成功的纵横家。

历久弥新说名句

战国时另一位纵横家张仪，和苏秦一同在鬼谷子门下求学，苏秦自以为不如张仪。

苏秦发达后，张仪去求见苏秦，苏秦故意羞辱张仪，张仪一怒之下，就前往秦国（苏秦势力范围之外）。苏秦私下安排人，不露痕迹地与张仪同行，资助张仪游说秦惠王成功，然后才告诉张仪，这一切都是苏秦的安排。于是张仪感念同学用心良苦，请那人回复:"只要苏君仍在,张仪不与他作对。"

同样是鬼谷子门下同窗,庞涓对待孙膑(故事见"以下驷对上驷")、苏秦对待张仪,做法截然相反,而下场也截然不同。我们从中得到莫大启示。

名句可以这样用

秦惠王是推托之辞,然而,羽毛未长成的鸟当然不可以高飞,犹如今天说的"还不会走就想跑",眼高手低是失败之母。至于"你以为羽毛丰满了?想飞啦",则是长辈(上司)教训晚辈口吻,父权心态通常会得到反效果。

宁为鸡口，无为牛后

名句的诞生

苏秦说韩宣王曰："臣闻鄙谚曰：'宁为鸡口[1]，无为牛后[2]，今西面交臂[3]而臣事秦，何异于牛后乎？夫以大王之贤，挟彊[4]韩之兵，而有牛后之名，臣窃为大王羞之。"

——苏秦列传

完全读懂名句

1. 鸡口：指鸡的口，小而洁。2. 牛后：指牛的肛门，大而不净，比喻居下位而卑贱。3. 交臂：拱手，以表示恭敬、降服。4. 彊：通"强"。

苏秦对韩宣王说："我听过一句民间谚语'宁愿做鸡头，也不做牛尾'。如果韩国向西边的秦国示好，臣服于他，那跟牛尾巴有啥两样？以大王您的英明，又拥有强大的韩国军队，却换来牛尾巴的名声,我私下为大王感到羞耻。"

名句的故事

苏秦游说诸侯到了韩国,韩国在战国七雄当中实力较弱,又因为扼住了成皋、宜阳、南阳等险要地点,成为秦、楚、魏几个强国觊觎的目标,苦于战争不断。因而韩宣王有意与强国结盟,避免多面作战。

苏秦的目标既然是组织"合纵"抗秦,当然不能让韩国靠向秦国。于是一上来就先强调韩国的优势:除了地形险要、兵马充足之外,韩国制造弓弩的技术天下闻名,强弩射程六百步,制造出来的剑戟锋利度极高(斩坚甲铁幕),亦即国防科技领先各国,韩国战士足以"一人当百"。

苏秦再分析:"若大王臣服秦国,秦国一定会索求宜阳、成皋等险要之地(联合驻军)。若答应他,明年会再要求割更多地;若不答应,非但前功尽弃,且结下新怨。"

先戴高帽子,再挑起秦国需索无度的伤痛,等到"宁为鸡口,无为牛后"名句出口,韩宣王勃然色变,手按着剑说:"寡人再怎么没出息,也不会向秦国低头。我愿意加入合纵阵营。"

历久弥新说名句

究竟应该"宁为鸡口,无为牛后",还是"识时务者为俊杰"？是领导人（国家、企业）在面对变局时，无可逃避的抉择。

　　三国初期，曹操率大军南下，孙权就面临这样的抉择。张昭主张"北面事之，不失列侯"，鲁肃则说："我可以侍奉曹操，仍有官可做，主公不可以。"就是"宁为鸡口"的说服技巧，孙权于是决定抵抗。

名句可以这样用

　　若要表达愿意追随对方，古人常用"甘附骥尾"——既然要追随了，就不能称对方为"牛"，要称"骥"（骏马），否则马屁拍在牛屁股上，小心牛脾气！

举袂成幕,挥汗成雨

名句的诞生

因东说齐宣王曰:"临菑¹之涂²,车毂³击,人肩摩,连衽成帷⁴,举袂成幕⁵,挥汗成雨,家殷人足,志高气扬。夫以大王之贤与齐之强,天下莫能当。今乃西面而事秦,臣窃为大王羞之。"

——苏秦列传

完全读懂名句

1. 临菑:指齐国首都临淄。2. 涂:道路,通"途"。3. 毂:指车轮中心的圆木。4. 连衽成帷:衣襟相接而成帷幕,比喻人很多。衽:rèn,指衣襟。5. 举袂成幕:只要众人举起袖子,就能连结成布幕,形容人很多。袂,mèi,指袖子。

苏秦(成功游说燕、赵、韩、魏之后)于是到东方的齐国游说齐宣王:"齐国都城临淄的马路上,车轮的凸轴相撞击(交通繁忙），行人的肩膀相摩擦（人口密集），衣袂连接起来可以当遮阳篷，袖子一齐举起来可以形成布幕，众人一同挥汗如下雨一般，家家户户殷实富足，人民个个抬头挺胸有自信。以大王的英明与齐国之强盛，天下无可抵挡。如今若向西面的秦国臣服，我私下为大王感到羞耻。"

名句的故事

苏秦说服的基本模式如一，但视各国情况不同而稍做调整。齐国是东方大国，自管仲以来，经济发达、物产富庶、人口繁茂，苏秦除了述说齐国地形险要、兵精粮足之外，特别强调"首都临淄民生富足，音乐流行，赌博盛行"（像不像21世纪初今天的环境），暗示"生活品质那么好，干吗放弃"。

苏秦再申论，韩、魏之所以怕秦国，是因为领土接壤，齐国距秦国那么远，怕什么？于是，齐王也加入合纵阵营。

历久弥新说名句

这两句更早见于《晏子春秋》。晏婴出使楚国，楚国故意想要折辱他，问他："齐国没有人了吗？"晏婴说："齐国的临淄有六万户人口，张袂成阴（遮天蔽日），挥汗成雨，怎么说没人？"楚王问："那为何派你来？"晏婴说："我们国君派使节有分教：贤者派往贤君之国，不肖者派往不肖国君之国，我的身材又矮又小、才能又不肖,所以派我出使贵国。"楚王自取其辱。

司马迁写《史记》在汉代,可能借用这二句来描述临淄城的繁荣景象。

名句可以这样用

我们今日常以"挥汗如雨"形容大汗淋漓,这是个人出汗,与众人"挥汗"如同下雨,一字之差,意境不同,应注意。

卧不安席,食不甘味

名句的诞生

楚王曰:"寡人自料以楚当秦,不见胜也;内与群臣谋,不足恃¹也。寡人卧不安席、食不甘味,心摇摇然如县²旌而无所终薄³。今主君欲一⁴天下,收诸侯,存危国,寡人谨奉社稷⁵以从。"

——苏秦列传

完全读懂名句

1. 恃:依赖。2. 县:此处同"悬",挂、系。3. 薄:这里是附着的意思。4. 一:统一。5. 社稷:本指土神与谷神,后泛称国家。

楚王(对苏秦)说:"寡人自己估计实力,以楚国一国之力对抗秦国,没有胜算;和群臣商量又不可依恃(楚国群臣能力不足以应付强秦)。寡人为此躺在床上辗转难入睡,食物吃在口中也没味道,心情像悬挂的旗子在风中飘摇而没有着落之处。现在先生您有意结合天下诸侯的力量,保全遭受危难的国家,寡人愿以楚国追随你的行动。"

名句的故事

苏秦"合纵之旅"的最后一站是楚国。楚国霸有南方,在六国中最强,但楚威王对秦国戒慎恐惧,因而苏秦一对他说出"秦是虎狼之国"、"楚强则秦弱,秦强则楚弱",立即触动楚威王心事。

楚威王对苏秦说:"韩、魏受秦国威胁太大,没办法跟这两国深入密谋,搞不好这头还没谈成,那头已经向秦国报告。"如此郁结心情之下,听说苏秦提倡的"合纵"已经有五国参加,因此楚王立即欣然加入。

历久弥新说名句

西汉景帝时,梁孝王派人刺杀大臣袁盎。梁王是太后最钟爱的小儿子,案子不好处理,景帝乃请出四朝元老田叔审查这个案子。田叔查案完毕,景帝问他:"梁王有没有犯罪事实?"田叔回奏:"臣犯了死罪(先自请罪,以免皇帝迁怒)。有此事实!"景帝追问详情,田叔说:"皇上请不要追究这件案子了。"景帝问为什么？田叔说："案子办到底，若不依法诛杀梁王，有损国家法律尊严；但若诛杀梁王，则太后'食不甘味，卧不安席'，将成为陛下的忧虑了。"景帝大大赞扬田叔。

名句可以这样用

同样是"食不甘味，卧不安席"，楚威王是因为心中忧虑而无主见，景帝的太后则是因为伤心（万一小儿子被诛杀）。原因不同，但结果都是"严重地"睡不好，吃不好。这一句通常用在形容"极度忧虑"的心情。

两虎相斗，必有一伤

名句的诞生

　　庄子[1]欲刺虎，馆竖子[2]止[3]之，曰："两虎方且食牛，食甘必争，争则必斗，斗则大者伤，小者死，从伤而刺之，一举必有双虎之名。"卞庄子以为然，立须之。有顷，两虎果斗，大者伤、小者死。庄子从伤者而刺之，一举果有双虎之功。

——张仪列传

完全读懂名句

　　1. 庄子：卞庄子，春秋卞邑大夫，以搏杀老虎闻名。2. 竖子：童仆。3. 止：阻止。

　　卞庄子有一次遇到两只老虎，正想动手刺虎，仆从建议他："这两只老虎正要吃牛，牛肉味美，两虎必定相争而互斗，结果就会是大的那只受伤，小的那只死亡，你再搏杀那只受伤的老虎,一举获得杀双虎的名声。"卞庄子同意他的看法,站着等结果。不一会儿,两只老虎果然相斗,结果一死一伤,卞庄子杀了那只受伤的老虎,赢得搏杀双虎的名声。

名句的故事

这个故事原本出自《战国策》,故事与《史记》记载有所出入,但卞庄刺虎的寓言和"两虎相斗,必有一伤"名言则完全相同。

韩国与魏国相攻,战事持续一年多,秦惠王想要出兵相救(救援对象未说明),可是群臣意见不一,惠王难下决定。恰好楚国使者陈轸到了秦国,陈轸以前曾经是秦惠王的臣属,惠王征询他的意见,陈轸就讲了卞庄刺虎的寓言,意思是"等到韩魏双方拼出结果,再出兵捡现成便宜"。

历久弥新说名句

陈轸和张仪都是游说之士,同时受到秦惠王的礼遇,两人争宠,张仪在秦王面前中伤陈轸说:"陈轸出使楚国,楚王对秦国态度并未改善,却礼遇陈轸,陈轸可能会投奔楚国。"秦惠王问陈轸有没有这个意思,陈轸舌灿莲花应付过去。后来秦惠王用张仪为宰相,陈轸只好投奔楚国。

战国中期,游说之士很多,通称为"纵横家"。苏秦佩六国相印,犀首佩五国相印,吴起先后在三国担任大将,孟尝君当过三国宰相……情形很像今日的专业经理人,到处跳槽,而没有所谓"忠诚问题"。

名句可以这样用

相似意思的名句,包括"坐山观虎斗"和"鹬蚌相争,渔翁得利",前者的用法与本句相同,后者则侧重警告"鹬蚌",而非强调"渔翁之利"。

鸡鸣狗盗之辈

名句的诞生

乃夜为狗,以入秦宫臧中,取所献狐白裘[1]至,以献秦王幸姬。(……)客之居下座者[2]有能为鸡鸣,而鸡齐鸣,遂发传出。

——孟尝君列传

完全读懂名句

1. 裘:皮衣。2. 居下座者:比喻地位不高的人。

(孟尝君的一位食客)于是在夜里扮成一只狗,混进秦宫的府库,偷出孟尝君献给秦王的那件白狐皮裘,去送给秦王爱姬。(……)一名位居下座的宾客会学鸡鸣,他一叫,全城的公鸡一齐响应,于是守关者开门放行。

名句的故事

孟尝君好客,门下食客数千人,不管是有学问、有道德之士,还是犯罪逃亡的人,他不分贵贱一律收留并礼遇之。

秦昭王听闻孟尝君的名声,请他到秦国当宰相。但是遭到秦国贵族的中伤,秦昭王乃囚禁孟尝君,想要杀害他。孟尝君派人向秦王宠爱的美姬求救,爱姬表示"希望得到孟尝君的白狐皮裘",可是那件价值千金的皮裘已经献给秦王,全靠那位"狗盗"之徒偷回皮裘,秦王爱姬因而施展枕边功夫,让秦王放出孟尝君。

秦王后悔,派兵追捕孟尝君。孟尝君一行半夜赶到了函谷关,关防的命令是每天清晨听到鸡鸣才开门放行,全仗那位"鸡鸣客"骗开城门。出了函谷关,就不是秦国领土,秦王派的追兵空手而返。

历久弥新说名句

最初孟尝君收留那两位"鸡鸣狗盗之辈",其他宾客都瞧不起他们且引以为耻,所以他二人居于"下座"。等到这一次救了老板和大伙的性命,大家才佩服孟尝君不已。

三国曹操是乱世奸雄,他掌权期间,曾下过三道"求贤令",特别要求负责访才的官员:"即使名声很坏、行为受人不齿,甚至不忠不孝，但只要有用兵之术，都不可以遗漏。"

想要在乱世中建立功业，就不能拘泥世俗规范，只要是人才就该吸收，甚至"只要是人"，一定有他的用处。

名句可以这样用

"鸡鸣狗盗"故事的原意是希望人们"勿轻视小人物"。然而，沿用至今，我们仍然以此贬抑那些"小贼小盗"，称之为"鸡鸣狗盗之辈"或"鸡鸣狗盗之徒"，其行为则是"鸡鸣狗盗行径"。

物有必至,事有固然

名句的诞生

(冯驩)曰:"生者必有死,物之必至也;富贵多士,贫贱寡友,事之固然也。君独不见夫趣[1]市者乎?明旦,侧肩争门而入;日暮之后,过市朝者掉臂而不顾[2]。非好朝而恶暮,所期物忘其中。今君失位,宾客皆去,不足以怨士而徒绝宾客之路。愿君遇客如故。"

——孟尝君列传

完全读懂名句

1. 趣:指行动归向,通"趋"。2. 掉臂不顾:手臂一挥,连头也不回。

冯驩对孟尝君说:"生命最终一定会死亡,这是必将发生的事情;富贵者有很多宾客,贫贱者很少朋友,这是固然不变的现象。您难道没看过前往市场交易的人吗？一大清早，侧着肩膀急着要进门；太阳下山，头也不回地走过。并不是他们喜欢早晨而厌恶傍晚，是因为市场里已经没有他们想要的东西了。您一度失去权位，所以门下食客都散去了，（这是必然之理）不必为此抱怨宾客，徒然阻绝了人才回归之路。希望您仍然像以前一样对待宾客。"

名句的故事

冯骥在孟尝君门下为客，抱怨伙食不好、抱怨出外无车，孟尝君都给了他。冯骥为孟尝君到封邑薛城收利息，冯骥将薛城人民的欠条通通烧掉，说是为孟尝君收买人心。

后来齐王罢黜孟尝君，门下食客通通走了，孟尝君却受到薛城人民的欢迎。而冯骥又游走秦、齐二位国君之间，说服秦王再聘孟尝君为相，齐王闻讯，急忙让孟尝君复位。

孟尝君再度当上齐国宰相，宾客又回来，孟尝君原本很恼火这些势利眼的食客，经过冯骥前述一番"物有必至，事有固然"的开导，于是仍然恢复过去的养士作风。

历久弥新说名句

汉哀帝责问尚书令郑崇的官邸每天访客不绝，好像市场一样热闹。郑崇回答："臣门如市，臣心如水。"意思是，不会因为上门逢迎的人很多而有亏职守。

对照冯骥对孟尝君的那番话，得势在位时"臣心如水"，远不如下台了还能"心如止水"。

名句可以这样用

世人常叹"鲜花插在牛粪上"。鲜花若能养在花园中，当然是好事，若不能，至少牛粪还能滋养鲜花。所以，不要怨牛粪，先反省自己缺乏养分，这也算是"物有必至，事有固然"。

怯于私斗,勇于公战

名句的诞生

范雎曰:"大王之国,四塞[1]以为固,(……)利则出攻,不利则入守,此王者之地也。民怯[2]于私斗而勇于公战,此王者之民也。王并[3]此二者而有之。"

——范雎蔡泽列传

完全读懂名句

1. 四塞:四境都有要塞或天险,比喻险固。2. 怯:害怕,畏缩。3. 并:合,兼有。

范雎(对秦昭王)说:"大王的国家,四面地形险要,形势有利则出兵攻城略地,形势不利则退守无虞,这是称王天下的地理优势。秦国法令严,人民不敢私斗,可是对外作战很勇敢,这是称王天下的民气优势。大王您同时拥有这两项称王天下的优势条件。"

名句的故事

范雎起初在魏国发展,不得志,进入秦国。秦昭王已经即位三十六年,却受制于太后和舅舅魏冉,范雎托人走门路上书秦昭王,昭王很欣赏,秘密约见范雎,向他请教。而范雎三度"唯唯"(含糊其辞的附和,与本书前述"千士诺诺"典故,合为成语"唯唯诺诺"),昭王急了,双膝及地请求他,范雎才豁出去发言。

范雎的发言重点是:秦国有那么好的条件,却闭关不出十五年,就是因为魏冉的私心凌驾了秦国的国家利益(秦王的利益)。

后来,秦昭王终于废了太后,放逐魏冉,拜范雎为相。

历久弥新说名句

秦国自商鞅变法,严禁私斗,违者处死,并以战功封爵位。商鞅垮台被车裂(五马分尸),但是秦国的法律一直没改。《韩非子》中有言:"(商鞅)身死法未败。"这奠定了秦国攻取天下的基础,这是"制度"的力量。

《三国演义》中,刘表的儿子刘琦受母亲、舅舅的迫害,向诸葛亮请教自保之道。诸葛亮也是数度不敢明说,直到刘琦请他上楼,抽去梯子(去梯言),下跪请教,诸葛亮才向他建议:带兵出外驻守以自保。过程与秦昭王求教范雎的情况相似。

名句可以这样用

　　商鞅立下的制度，使得秦国的战士"怯于私斗而勇于公战"，这样就不会因内耗剥蚀了战力，而能集中力量对外。反之，如果一个国家、团体或企业的风气是"勇于内斗，怯于外战"，必致内耗而愈趋衰弱。

睚眦之怨必报

名句的诞生

范雎[1]于是散家财物,尽以报所尝困厄者。一饭之德必偿,睚眦[2]之怨必报。

——范雎蔡泽列传

完全读懂名句

1. 范雎:人名,字叔。战国时策士,魏人,善口辩,以远交近攻的策略游说秦昭王,官拜秦相,封应侯。2. 睚眦:形容发怒时瞪着眼睛的样子。

范雎(受秦王重用之后)将家财散尽,用以报答曾经在他困厄之时帮助过他的人。即使只是给他吃一顿饭的小德,也要(厚重)报偿;即使曾经瞪过他一眼的小怨,也要(加重)报复。

名句的故事

范雎得志以后，充分地"快意恩仇"一番。

范雎早先投在魏国中大夫须贾门下。须贾出使齐国，任务不能完成，但齐王听说范雎有才华，派人致赠十金和牛肉、酒，须贾命范雎收下牛肉和酒，退还十金，并为此内心恼怒。回到魏国，相国魏齐派人将范雎的肋骨打断，牙齿打落。范雎装死，被人用草席包了起来，丢在厕所里。后来终于逃出，并由魏人郑安平引见秦王使者王稽，将他带回秦国，才有机会游说秦昭王。

秦军将攻打魏国和齐国，魏王派须贾出使秦国，范雎公开数落须贾罪名，并且在宴会上羞辱他（命令两个囚徒，将他夹起，像马吃饲料一般当众吃下马的饲料），并且说："回去转告魏王，将魏齐的头送来，不然我就血洗大梁（魏国首都）。"魏齐闻讯，逃往赵国，躲在平原君家里——这是报仇部分。

带范雎到秦国的王稽，有一天暗示范雎："天下有三件无可奈何的事情：（前二项略）如果有一天我突然死了，相君虽然对我感到遗憾，也无可奈何啊！"

范雎听懂他的意思，保荐王稽担任河东郡守，保荐郑安平担任将军——这是报恩部分。

至于一饭之恩与睚眦之怨，是除上二项之外的小 case。

历久弥新说名句

东汉末年，董卓专权，以严刑恐怖统治，"睚眦之隙必报"——斜眼看他都会遭到白色恐怖。这已不是"恩仇"的问题，而是暴政下的恐怖。

名句可以这样用

街头上、校园里也偶闻因为"瞄人一眼"而挨揍甚至挨刀的事件，那也可形容为"睚眦必报"，但只在炫耀威风的层次，差"快意恩仇"远矣！

生而辱不如死而荣

名句的诞生

应侯[1]曰:"若此三子[2]者,固义之至也,忠之节也。是故君子以义死难,视死如归;生而辱不如死而荣。士固有杀身以成名,唯义之所在,虽死无所恨。何为不可哉?"

——范雎蔡泽列传

完全读懂名句

1. 应侯:即范雎,字叔,战国时策士,以远交近攻的策略游说秦昭王,封为应侯。2. 三子:此处指商鞅、吴起、文种。

应侯说:"这三位都是'义'的至高表现,'忠'的操守坚持。所以君子会为了大义而赴难,视死如归,他们的价值观底线是,活着受屈辱还不如死了享荣耀。作为一个知识分子本来就应该为名誉而不惜牺牲生命,只要是大义所在,即使是死也无怨恨。又有什么不可以呢？"

名句的故事

蔡泽是一位游说之士，他到了秦国，故意放话："蔡泽是一位雄辩之士，他一旦见到秦王，必能取代应侯的宰相之位。"

范雎听说这个消息，派人召来蔡泽，两人进行一场舌战。

蔡泽举商鞅、吴起、文种的例子，意谓："为国建立大功，却落得身死下场，值得吗？"于是，范雎做了前述答复。蔡泽再提出："生命和名声俱全是上等人才；名声流传但是性命不保者其次；名声败坏而保全性命者是下等。"

几番舌战之后，蔡泽说服了范雎，范雎延之为上宾，不久之后，将他推荐给秦昭王，自己称病请辞，昭王乃拜蔡泽为相。

历久弥新说名句

"争千秋，还是争一时？"这个价值观的论辩持续了三千年。

文种和范蠡是最佳对照组，范蠡是见微知机、急流勇退的模范；但文种是恃功而骄，是恋栈侥幸，还是如范雎所说"义之所在，视死如归"？

管仲是另一个例子，和他同时辅佐公子纠的召忽尽忠死节，而管仲忍辱偷生，后来成就大功业，千秋后世又有谁会不齿管仲？

名句可以这样用

"生而辱,不如死而荣"在今天这个现实社会已经不太流行。高级一点的说法是"留得青山在,不怕没柴烧",弹性一点的说法是"东边不亮西边亮",赖皮一点的说法则是"好死不如赖活"!

君子交绝,不出恶声

名句的诞生

乐毅[1]报遗燕惠王书:"臣闻古之君子,交绝不出恶声;忠臣去国,不絜[2]其名。臣虽不佞[3],数奉教于君子矣。恐侍御者[4]之亲左右之说,不察疏远之行,故敢献书以闻,唯君王之留意焉。"

——乐毅列传

完全读懂名句

1. 乐毅:人名,战国时燕国名将,燕昭王时拜为上将军。昭王死后,惠王使骑劫代其职位,乐毅奔赵,后卒于赵。2. 絜:使清洁,修饰。3. 不佞:不才,自谦之词。4. 侍御者:犹称"殿下",不直称对方以示礼敬。

乐毅致书燕惠王写道:"我听说,古代的君子绝交时不讲难听话,忠臣离开国家时不为自己的名声辩护(不说国君的错失)。

我虽然不才,但曾经受过多位君子的教导(所以不辩解)。唯恐君王您听信左右近臣的说法,而不能明察(我这个)关系疏远之人的真实行为,所以斗胆写信向您报告,请您细心明察。"

名句的故事

乐毅担任燕国上将军伐齐,五年连下七十余城,只剩莒和即墨二城未攻下。燕昭王去世,燕惠王即位,齐国的田单派人到燕国散布谣言:"乐毅留下二城不攻,是想要自立为齐王。其实,齐国现在最怕燕国换一位将领来攻打。"燕惠王中了反间计,派骑劫去换掉乐毅,乐毅心知回去燕国恐遭不测,就投奔赵国。

后来,田单以火牛阵击败骑劫,光复齐国失土。燕惠王担心赵国用乐毅为将趁机入侵,派使者去对乐毅"下功夫",乐毅回报这封书信,表明心迹(不曾说难听话,自然也不会对不起燕国)。

历久弥新说名句

三国诸葛亮"自比管乐",也就是他心目中的师法对象是管仲和乐毅——既要辅佐君王富国强兵,还要领军兴汉灭曹(燕昭王是雪耻复仇,不是侵略之师)。所幸刘禅(阿斗)不如燕惠王,没想过换掉诸葛亮,否则诸葛亮也将陷入乐毅的困境。

当时蜀汉有一将领孟达兵败投降曹魏,致书后王(刘阿斗)

也用了"君子交绝不出恶声"的名句。但比喻不伦了!

名句可以这样用

乐毅说是"不出恶声",其实是"骂人不用脏字"。他说自己"数奉教于君子",燕昭王当然是曾经赏识乐毅的"君子"之一,言下之意,燕惠王就"不够君子"了。

廉颇老矣,尚能饭否?

名句的诞生

赵王使使者¹视廉颇²尚可用否。(……)廉颇为之一饭斗米,肉十斤,被甲上马,以示尚可用。

——廉颇蔺相如列传

完全读懂名句

1. 使使者:派遣使者。第一个"使"是动词。2. 廉颇:人名,战国赵人,为赵国名将,屡败齐、魏等国。长平之战时,坚壁自守,秦兵畏惧。但后来赵王受秦反间计,以赵括替换之,赵国大败。官拜上卿,与蔺相如为刎颈之交。

赵王派使者去观察廉颇还能不能用(担任大将),廉颇在使者面前大力表现:一餐饭吃一斗米、十斤肉,穿上甲胄,跨上马鞍,显示他还很"好用"。

名句的故事

蔺相如"完璧归赵"、廉颇"负荆请罪",两人"将相和"壮大赵国的故事此处不赘。后来赵惠文王去世,孝成王继位,以赵括代替廉颇,被秦军在长平坑杀40万大军,于是再起用廉颇。可是孝成王死后,悼襄王又换掉了廉颇,廉颇投奔魏国。廉颇在魏国不受重用,而赵国数度被秦兵击败,悼襄王又想到了廉颇,廉颇也有意回赵国服务,于是有了上述这一幕演出。

可是,那位使者受了廉颇仇人郭开的贿赂,因而回报赵王:"廉将军虽老,食量还很大。但是他与我坐谈之时,短时间内上了三次厕所。"赵王认为廉颇老了(摄护腺肥大、频尿为老人常见疾病),就没有再起用廉颇。

历久弥新说名句

这个典故被用在南宋爱国诗人辛弃疾的词《永遇乐·千古江山》:"凭谁问,廉颇老矣,尚能饭否?"流传成为此名句。

辛弃疾一生以抗金报国自任,官当得不小,可是理想不能实现,遂将满腹孤忠倾泻在他的《稼轩词》文句当中。这首《永遇乐》写于他56岁那年,心情和廉颇当年近似,仍有驰骋沙场的壮志。然而在南宋君臣弥漫着偏安主流思想的环境当中,辛弃疾的处境也和廉颇一样——还有谁来问"廉颇尚能饭否"吗?

名句可以这样用

  人是铁,饭是钢,食量大意味着还能负担重任。对照三国司马懿说孔明"食少事烦,其能久乎",可知诸葛亮身体状况已不行。

  曹操横槊赋诗,"老骥伏枥,志在千里;烈士暮年,壮心不已",也显示了他的雄心与不服老。同时,曹操不需别人来问,他自己是老板。所以,"尚能饭否"与"老骥伏枥"的用法是不同的。

静如处子,动如脱兔

名句的诞生

太史公曰:兵以正合,以奇胜。善之者,出奇无穷。奇正还相生,如环之无端[1]。夫始如处女,适[2]人开户;后如脱兔,适不及距[3]。其田单之谓邪!

——田单列传

完全读懂名句

1. 无端:没有起点和终点。2. 适:此处读作dí,同"敌"。3. 距:抗、违,通"拒"。

司马迁(评论田单复齐)说:打仗时以正兵面对敌人,以奇兵制胜。擅长用此道的人就得有灵活战术,奇计无穷。而且奇正相生(互变)如同环环相扣,不知自何而始,至何而终。所谓开始时像处女(般柔弱),敌人轻视而开门(不防备);后来像奔出地穴的兔子,速度快得敌人来不及抵拒。这就是田单的写照吧!

名句的故事

田单先以反间计让燕王换掉了大将,然后私下放话:"我最担心燕军将俘虏的齐兵割去鼻子(劓),再让他们列于阵前,我方军心恐惧,必败。"又放话:"我担心燕人挖开城外的坟墓,毁损先人骸骨,我方军民寒心,必败。"燕军大将骑劫中了计,果真照做,结果即墨城内军民个个悲愤交集,都想和燕军拼死一战。

田单又收集城内财物,叫富豪人家送去给骑劫,说:"即墨即将投降,请不要掳掠我们的家室。"燕军大喜,因而松懈了防备。

然后田单发动夜间奇袭,以火牛阵打冲锋,击溃燕军,骑劫阵亡,田单光复了齐国领土。司马迁因而称赞田单:"始如处女(示弱),后如脱兔(奇袭)。"

历久弥新说名句

唐朝安史之乱,原本政府军处于挨打地位。史思明攻打太原,守将李光弼先派人诈降,约定出降日期(缓兵之计),同时派人自城中挖地道通往敌营,以木头撑住挖空的敌营。

约定时间到了,派次级军官率数千人出降,史思明军队都放松心情观看。突然间，营区土地下陷，数千人坠落大坑中，一片惊乱，唐军趁机鼓噪攻击，斩首与俘虏数以万计。自此一役，扭转了整个形势，唐军由被动转为主动。

名句可以这样用

"静如处子，动如脱兔"，此句不但可在军事上应用，商战与运动竞技场上都用得上。重点在部队训练有素、号令齐一，才能采行骄敌之计（否则己方军心先乱），如此才能后发先至，攻敌不备。

忠臣不事二君

名句的诞生

王蠋[1]:"忠臣不事二君,贞女不更二夫。齐王不听吾谏,故退而耕于野[2]。国既破亡,吾不能存;今又劫之以兵为君将,是助桀为暴也。与其生而无义,固不如烹!"遂经[3]其颈于树枝,自奋绝脰[4]而死。

——田单列传

完全读懂名句

1. 王蠋:人名。2. 野:乡野,郊外。3. 经:缢、上吊。4. 脰:读作dòu,指脖子,颈部。

王蠋说:"忠臣不侍奉二位国君,贞节女性不换第二位丈夫。齐王不听我的劝谏,所以我才辞官到乡间种田。国家既然残破将亡,我活着已经很没面子,如今又用武力要逼我当你的将领,我就成了助桀为暴。与其不义活着，还不如死了吧！"于是将自己的脖子系在树枝上，自己用力扭断脖子而死。

名句的故事

燕军攻入齐国，乐毅听说齐国有位贤士王蠋住在昼邑，下令："昼邑周围三十里不准侵犯。"然后派人去敦请王蠋担任将领，王蠋不答应，乐毅的使者威胁他："你如果不服从，我就带兵屠杀昼邑。"于是王蠋做了上述表白之后自杀。

齐国逃散各地的大夫听到这个消息，说："王蠋是个布衣（贵族辞官后成为庶民），都还如此尽忠，何况我们这些在位享受俸禄的人！"于是纷纷往莒城集中，并共推齐襄王继位，巩固领导中心，号召抵抗燕军。

历久弥新说名句

"乐毅有意自立为齐王"，在田单而言是反间计，但乐毅本身有没有这个念头？看他如此刻意笼络王蠋的做法，未必没有。

齐缗王是个不知天高地厚的国君，自以为了不起，孟尝君一度离开齐国到秦国当宰相，而缗王更一度称"齐帝"。如果齐国是内乱弑君，王蠋未必会尽忠死节，可是面对外患，这种忠臣就经常出现。

话说回来，若非王蠋的忠烈行为，感动了齐国大夫，乐毅很可能顺利组成一个汉（齐）奸政府，齐国就难以翻身了。

名句可以这样用

时至今日民主时代，忠臣不事"二君"当然已经过时，谁有能力让老百姓过好日子，谁就能得人心、得天下。但是，万一异族入侵，民族主义必然发酵，不事"二国"的孤臣孽子必不在少。至于"贞女不更二夫"，现代就不必再提了。

鲁仲连排难解纷

名句的诞生

鲁连[1]笑曰:"所贵于天下之士者,为人排患释难解纷乱而无取也。即有取者,是商贾[2]之事也,而连不忍为也。"遂辞平原君[3]而去,终身不复见。

——鲁仲连邹阳列传

完全读懂名句

1. 鲁连:鲁仲连,战国时齐人,曾游于赵,为赵国解除危难。喜欢为人排难解纷,不肯仕宦任职。后称替人排难解纷的人为"鲁仲连"。2. 商贾:商人。3. 平原君:战国赵武灵王的儿子,名胜,封于平原,所以称"平原君"。喜宾客,食客多至数千人。战国当时有名的四公子之一。

鲁仲连笑着说:"作为一个'天下士',最可贵的,就是为他人排除患难、解开纷争,而不取酬劳。如果收了酬劳,那就是商人的行为,不是我鲁仲连的作风。"于是辞别平原君离去,终身不再相见。

名句的故事

秦军包围赵国首都邯郸,诸侯不敢相救,魏王派大将晋鄙领兵前往赵国,大军驻在边界不前进,却私下派说客新垣衍透过平原君晋见赵王,建议赵王尊秦王为"帝",以交换秦军撤兵。

齐国游士鲁仲连往见平原君,要求与新垣衍面对面辩论,两人一番舌战之后,新垣衍认输,决定不再提"尊秦王为帝"这档事。秦军将领听说消息,为此退兵五十里(观望发展)。不久,信陵君偷了魏王虎符,杀晋鄙,领魏军救邯郸,秦军因而撤退。

平原君要封(给予封地食邑)鲁仲连,鲁仲连三次坚辞不受。平原君乃摆酒席宴请鲁仲连,酒酣耳热,起身致赠千金,祝贺鲁仲连"长命百岁"。鲁仲连笑着做上述表白后辞去。

历久弥新说名句

后来,田单攻击燕军,包围聊城一年多,伤亡颇重却攻不下,鲁仲连写了一封信,绑在箭上,射入城中。燕军守将见信,哭泣三天,犹豫不决,因为鲁仲连劝他放弃抵抗的理由无懈可击,甚具说服力。可是这位守将的处境却是,燕国回不去,因为燕王已不信任他（又是田单的反间计），投降齐国却因杀戮过多怕人报仇，最后自杀。

田单想要封鲁仲连爵位，鲁仲连逃到海上，说："我与其富贵而受人批评，宁愿贫贱而啸傲江湖。"

名句可以这样用

我们现在称调解人为"鲁仲连"，或说"就让我来当个鲁仲连"表示愿做中间人。但"鲁仲连"的重点在于"无取"，若收取报酬，那就不是"鲁仲连"，而是掮客了。

众人皆醉我独醒

名句的诞生

屈原曰:"举世混浊而我独清,众人皆醉而我独醒,是以见放[1]。"

——屈原贾生列传

完全读懂名句

1. 见放:被放逐。"见"在此处表示被动。

屈原说:"满朝文武一片混浊,只有我一个人是清澈的;所有的人都醉了,只有我一个人醒着。所以我才被放逐。"

名句的故事

屈原是楚怀王信任的大夫,其他大夫与他争功,向楚王进谗:"屈原总是以为每件事都非他不可,而非君王英明。"怀王渐渐疏远屈原,屈原就写了一篇《离骚》,自诉满腹牢骚,楚怀王乃派他出使齐国(图个耳根清净)。

后来楚怀王不听屈原的劝谏,被秦王骗去秦国,扣留不放,死在秦国。屈原又写文章,影射当权的令尹子兰该负责任,结果被放逐到江南。

屈原又写了一篇寓言式的文章《渔父》,以他和一位江上渔夫的对话,表明他不肯随波逐流的心志。《史记》引用了其中一段故事,"众人皆醉我独醒"就在其中(其实这番对话很可能是屈原的创作,而非实事)。

由于屈原坚持独醒于世,不肯随波逐流,孤芳自赏却又满怀牢骚不得解,最后,他抱着大石跳汨罗江自杀。后来成为端午节划龙舟、包粽子的习俗由来。

历久弥新说名句

宋朝名臣欧阳修也由于直言极谏触犯了当权者二度被外放,而且辗转六个州。他在第一次外放到滁州(安徽)时,写了一篇《醉翁亭记》,其中有一名句"醉翁之意不在酒"(在乎山水之间)。他自号"醉翁",纵情山水,和屈原的心境完全两样。

欧阳修另有一篇《纵囚论》,评论唐太宗时"放死刑犯回家,约定日期回来受刑",是标新立异、违背常情以换取名誉。这也和屈原的作风不同。欧阳修由于心情豁达,不认为自己最优秀而贬抑他人,因而在首次外放之后,还能回到中央担任"参知政事"(副宰相)。

名句可以这样用

"举世皆浊我独清,众人皆醉我独醒"是一种自我期许。但若不欲埋没才能,就不必老是挂在嘴上,徒然招惹"浊醉之辈",树敌太多是不会成功的。

以色事人者,色衰而爱弛

名句的诞生

不韦因使其姊说夫人¹曰:"吾闻之,以色事²人者,色衰而爱弛³。今夫人事太子,甚爱而无子,不以此时蚤⁴自结于诸子中贤孝者,举立以为适而子⁵之,夫在则重尊,夫百岁之后,所子者为王,终不失势,此所谓一言而万世之利也。不以繁华时树本⁶,即色衰爱弛后,虽欲开一语,尚可得手?"

——吕不韦列传

完全读懂名句

1. 夫人:指华阳夫人。秦昭王的次子安国君为太子,安国君立爱姬为正夫人,称华阳夫人。2. 事人:侍奉人。3. 色衰爱弛:指因姿色衰老而失去了宠爱。4. 蚤:时间提前,通"早"。5. 子:指养之为子。6. 树本:树根,也指奠定根基。

吕不韦请华阳夫人的姊姊对夫人说："我听人说过，以美貌侍奉人者，一旦美貌衰退（年华逝去），宠爱也就消失了。夫人现在得宠于太子，可是你没生儿子，何不趁此时预先结交诸公子当中有才德者，收养他为儿子并且向太子推荐立为嫡嗣子。这样的话，丈夫在位时有双重尊贵身份（皇后加上太子母亲），丈夫死后，你立的太子当上国君，你总不会失去地位，这是可以获得万世之利（子子孙孙为王）的一句话。如果不在繁花盛开之时厚植根本（以树为喻），等到年华逝世、爱情褪色，即使想要讲（枕边）话，还有机会吗？"

名句的故事

吕不韦是古今中外"政治投资"成功的第一名。他在邯郸见到子楚（秦王庶孙在赵国当交换人质），认为是"奇货可居"，于是说服了子楚，再到咸阳买通秦太子宠姬华阳夫人的姊姊，以上述一番话打动华阳夫人的心，华阳夫人说服丈夫安国君立子楚为嫡嗣。

安国君后来继位为秦孝文王一年就过世，子楚成为庄襄王。而吕不韦送给子楚的姬妾，生下吕不韦的骨肉，成为秦国太子，就是后来的秦始皇，而吕不韦也"收成"了他的投资——成为秦国宰相，封文信侯，食邑十万户，权倾一时。

历久弥新说名句

华阳夫人推荐子楚为太子嫡嗣,是"一言而万世之利",吕不韦也因华阳夫人姊姊这番话"一言而十万户之利"。

吕不韦眼光独到、手腕高明,甚至后来治国有方。但是整个过程中最关键的一幕,就是这段说词。

名句可以这样用

现代的演艺人员其实也是"以色(艺)事人",若不趁当红时赶快赚足,一旦退出流行,就没搞头了。所以,社会舆论不应太责怪艺人拼老命赶场作秀,要体会他(她)们"色衰而爱弛"的危机意识。

士为知己者死,女为悦已者容

名句的诞生

豫让遁逃[1]山中,曰:"嗟乎!士为知己者死,女为悦己者容。今智伯[2]知我,我必为报雠[3]而死,以报智伯,则吾魂魄不愧矣!"

——刺客列传

完全读懂名句

1. 遁逃:逃走。2. 智伯:春秋时,晋国有六大家族争夺政权,智伯为智氏的贵族。3. 报雠:也作报仇,以行动来打击仇敌。

豫让逃到山中躲藏,说:"唉!士人为赏识自己的人献出生命,女子为喜欢自己的人妆饰面容。智伯如此赏识我,我一定要为他报仇而死,以报答智伯的知遇之恩。那么,我即使死了,魂魄也不会感到惭愧。"

名句的故事

  春秋末期,晋国由六个大家族瓜分权柄,相互攻伐。其中智氏最强,先后灭了范氏和中行氏。等到智氏联合韩、魏二家攻打赵氏,韩、魏起了戒心,反而和赵氏联手灭了智氏。

  豫让先后服事范氏和中行氏,但都不得重用,改投智氏。智氏的族长智伯非常礼遇豫让,所以豫让决心为智伯报仇。他的首要目标是赵襄子,因为赵襄子将智伯的头颅漆成酒器。

  豫让隐姓埋名进入赵襄子宫中洗厕所,暗中挟带匕首等待机会。赵襄子上厕所时"心动"(感觉不对),就抓洗厕所的人来查问,果然身上藏了匕首。问明理由之后,认为他是一位义气之士,就放了他。

  豫让不死心,漆身(皮肤因而溃烂)吞炭(声带破坏变沙哑),埋伏在桥下。赵襄子到了桥边,马发出惊嘶,豫让被发现。赵襄子问他:"你不是曾经为范氏和中行氏服务吗?你为什么不为他们报仇(仇人是智伯),而独为智伯报仇呢?"豫让说:"范氏和中行氏以普通人对待我,我以普通人标准回报;智伯以国士礼遇我,我以国士标准回报他。"终于,赵襄子拿自己的衣服给他,豫让刺了三剑(以示报仇)以后,自刎而死。

历久弥新说名句

《史记》中除了《刺客列传》记载的五人（曹沫、专诸、豫让、聂政、荆轲）之外，还有好几位因为报答知遇之恩而自杀的例子，如侯嬴、田光。那个时代的士人重信义、重荣誉而轻生命，是当时的普世价值。而如管仲那种"不羞小节，而耻功名不显于天下"的人，反而是少数。

名句可以这样用

虽然时代变了，"士为知己者死"已经很少见，但是"女为悦己者容"却千古不变，化妆品市场永远不灭。

风萧萧兮易水寒

名句的诞生

高渐离[1]击筑,荆轲[2]和而歌,为变征[3]之声,士皆垂泪涕泣。又前而为歌曰:"风萧萧兮易水[4]寒,壮士一去兮不复还!"复为羽[5]声慷慨,士皆瞋目[6],发尽上指冠。于是荆轲就车而去,终已不顾。

——刺客列传

完全读懂名句

1. 高渐离:人名,战国时燕国的乐师。2. 荆轲:人名,字公叔,战国时卫人。燕王喜二十八年,带着藏有匕首的地图和秦将樊于期的首级到秦国,欲刺杀秦王,结果事败被杀。3. 变征:古代音调分为宫、商、角、征、羽,以及变征、变羽。变征是高亢而悲壮的调子。4. 易水:河川名,源于河北省易县境。5. 羽:古代五音之一。6. 瞋目:瞪大眼睛怒视的样子。

（燕太子丹送别荆轲到了易水之畔）高渐离弹奏筑与荆轲唱歌相和，调子是"变征"，在场人士个个垂泪涕泣。然后荆轲唱出："风萧萧兮易水寒，壮士一去兮不复还。"调子转为慷慨激昂的"羽"调，在场人士听了，个个眼光喷出怒火，头发上竖顶起了帽子。荆轲在这种气氛之下上车出发，头都不回。

名句的故事

燕国太子丹礼遇荆轲，奉为上卿，住最上等房舍，每天都去拜访，供应太牢（祭祀用最高等食物）、车骑、美女——满足所有物质与虚荣欲望，为的是要他去刺杀秦始皇。

荆轲迟迟不动身，秦兵已经消灭赵国，大军逼近燕国南方边界。樊于期的人头、徐夫人的匕首都已准备妥当，可是荆轲仍然在等待一位朋友（武林高手？）。最后在时间急迫的压力之下，荆轲不得不用秦舞阳为副手，而最终秦舞阳临场胆怯，荆轲任务失败。

前述场景就是燕太子丹为荆轲送行，荆轲心里明白此行有去无回，但仍义无反顾，所以曲调由哀伤转为悲壮。

历久弥新说名句

南宋抗金名将岳飞那阙最有名的《满江红》前三句："怒发冲冠，凭栏处，潇潇雨歇。"就是用了这个故事场景，"风萧萧"

和"雨潇潇"一样的萧瑟悲凉。

司马迁的文学笔法真是太传神了，描绘"项羽为虞姬歌"、"刘邦大风歌"与本文荆轲之歌，都令人历历在目，如亲临现场。

名句可以这样用

"风萧萧兮易水寒"的用法，悲壮多于悲哀，如果只是送别，千万别用这一句，否则非但不伦不类，小心一语成谶！

天雨粟,马生角

名句的诞生

太史公曰:世言荆轲,其称太子丹之命,"天雨¹粟²,马生角"也太过³。

——刺客列传

完全读懂名句

1. 雨:落下,降下。2. 粟:指所有的谷实。3. 过:夸张。

司马迁(评论刺客列传)说:世间流传荆轲的故事,有关太子丹"天上落下谷雨,马头生出角来"的部分,稍嫌过度了。

名句的故事

燕太子丹小时候很"苦命",先被送去赵国当交换人质,在那里认识了秦王政（吕不韦送给子楚的姬妾所生），"两小"当年交情还很不错。后来嬴政当上了秦王，燕丹又被送去秦国当人质，秦王却对这位幼时玩伴很不好。

燕丹请求归国，嬴政对他说："除非乌头白（乌鸦的头变白）、马生角，才准许你回燕国。"燕丹后来是偷偷逃回去的。

所以，太子丹对秦王的恨意，除了国家安全的考量，还有私人因素掺杂在内，甚至私怨超过了国家利益。

历久弥新说名句

汉武帝时，苏武出使匈奴，随行副使卷入匈奴的宫廷政变阴谋。苏武知道事态严重难以善了，为顾及国家颜面，自杀被救回。

匈奴单于敬佩苏武的气节，希望他投降，可是苏武宁死不屈，各种威胁利诱都没用。后来变成单于和苏武斗气，单于把苏武流放到北海（贝加尔湖）之滨牧羊，并说："羝乳（公羊生小羊）乃得归。"

苏武后来还是回到了中原，故事此处不赘述。而公羊生小羊的意思，和"乌头白，马生角"的意思一样——不可能。

至于"天雨粟"，古书中有很多传说式的记载。《周书》说："神农时，天雨粟，神农遂耕而种之。"这是上天降下种子给人类。另外，相传仓颉造字时："天雨粟，鬼夜哭。"意味着文字的发明，既是上天恩典，也是人类灾难的开始。总之，都有"异象与奇迹"的意思。

名句可以这样用

　　清朝诗人顾贞观作诗,寄给因冤狱而流放宁古塔(黑龙江)的朋友吴兆骞,其中有一句"盼乌头马角总相救",意谓无论希望多么渺茫,总是还要想办法相救。

泰山不让土壤,河海不择细流

名句的诞生

臣闻地广者粟[1]多,国大者人众,兵彊[2]则士勇。是以太山[3]不让土壤,故能成其大;河海不择细流,故能就其深;王者不却[4]众庶[5],故能明其德。

——李斯列传

完全读懂名句

1. 粟:谷实的总称。2. 彊:同"强"。3. 太山:山名,也就是泰山,位于山东泰安县北。4. 却:推辞,排拒。5. 众庶:指百姓、人民。

我听(先贤)说过:土地广大粮食自然就多,国家大人口自然就众,兵力强士兵自然就勇敢。所以,泰山不推辞土壤而能成为大山,河海不挑剔小溪流而得以深广,称王天下者不排斥平民大众而能彰显他的德行。

名句的故事

秦国日渐强大,韩国愈感威胁,在兵力不及的情况下,韩桓王采纳了"疲秦"的策略:派出一位水利工程师名叫"郑国",去秦国献策,主张大兴工程修筑渠道,认为这样可以消耗秦国财力与人力。

刚即位的秦王政(秦始皇)接纳了"郑国"的建议,修建完成"郑国渠",这也是造就关中地区沃野千里的民生建设,成为秦始皇与汉高祖先后统一全国的根据地。

但是郑国这项"阴谋"被揭发,秦国贵族藉题发挥,要求秦王清理外国间谍,于是秦王下了一道"逐客令"。李斯也在被逐名单之列,他就上了一篇《谏逐客书》,说明秦国之能够强盛壮大,是由于自秦穆公以来,历代明君任用外国人才的效果。

这篇文章扭转了秦王的心意,收回"逐客令",重用李斯。文章中最有名且点出通篇主旨的名句,就是"泰山不让土壤,河海不择细流"。

历久弥新说名句

李斯的"听说",出自《管子》:"海不辞水,故能成其大,山不辞土石,故能成其高。"这也是管仲的名言。春秋初期还是贵族政治，社会阶级严格，管仲开始将阶级扁平化，士农工商形成专业分工，齐国因而强大。

闽南谚语有"海龙王无辞水"，也是提醒"欲成就大事业，要开阔心胸"的意思。

名句可以这样用

这两句可以分开用，不把人才（资源）向外推，就用"泰山不让土壤，故能成其大（高）"；不排斥各方面人才，就用"河海不择细流，故能就其深（大）"。

制人而不制于人

名句的诞生

赵高[1]曰:"不然。方今天下之权,存亡在子[2]与高及丞相耳,愿子图[3]之。且夫臣人与见[4]臣于人,制人与见制于人,岂可同日道[5]哉!"

——李斯列传

完全读懂名句

1. 赵高:秦时宦官。秦始皇崩,赵高伪造遗诏,赐死太子扶苏,立胡亥为二世,杀害李斯,自为丞相。后又弑二世,立子婴,最后为子婴所诛。2. 子:你。3. 图:策划,谋取。4. 见:表示被动。5. 同日道:相提并论的意思。

赵高(对公子胡亥)说:"不是这样的。如今天下大权谁属,成败的机会就在你、我和丞相(李斯)三人手中,希望你好好把握。况且，让别人（指扶苏）向自己称臣，相对于自己向别人称臣；控制别人与受别人控制，其中差别岂可同日而语？"

名句的故事

秦始皇巡行天下，到了沙丘，病重将死。命令赵高写一封诏书，给正在北方抵御匈奴的长子扶苏，要扶苏将军队交给蒙恬，回咸阳主持葬礼——这封信等于指定继承权。

信还没发出，秦始皇就驾崩了，遗命和印玺都在赵高手上，赵高乃鼓动胡亥抢皇帝宝座。胡亥原本还顾及老爸遗命，可是经过赵高上述分析，再提醒"顾小而忘大，后必有害；狐疑犹豫，后必有悔"的道理，胡亥终于点头。

李斯与赵高"秘不发丧"，回到咸阳，假传秦始皇圣旨，立胡亥为太子，再传旨到北方，逼长子扶苏自杀，然后才发布秦始皇死讯，胡亥继位为秦二世。

历久弥新说名句

秦始皇因为在民间捡到一块陨石，上面刻字"亡秦者胡也"，于是派长子扶苏、大将蒙恬（毛笔发明人）到北方修筑长城抵御胡人（匈奴）。却没算到，他一手建立的大帝国不是亡于匈奴的"胡"，而是毁在"胡"亥的暴政手上。

名句可以这样用

对照"先发制人,后发制于人"一句,道理是一样的。只不过,项梁当时时机急迫,稍有犹豫则机会一闪即逝,所以得立下杀手。赵高与胡亥则情势仍在掌握中(天下之权在手),没有急迫到必须立即发动政变。应用上,"先发制人"强调立即动手,"制人而不制于人"强调断然决定,决定了则可以按部就班来做。

有非常之人，然后有非常之事
——列传

萧何追韩信

名句的诞生

何闻信亡¹,不及以闻²,自追之。人有言上曰:"丞相何亡。"上大怒,如失左右手。(……)上复骂曰:"诸将亡者以十数,公无所追;追信,诈也。"

——淮阴侯列传

完全读懂名句

1. 亡:逃亡。2. 闻:传达。

萧何听说韩信逃亡,来不及(向刘邦)报告,自己赶紧去追赶。有人报告刘邦:"丞相萧何逃亡。"刘邦大怒,感觉如同失去了左右手。(萧何回来,刘邦劈头大骂,萧何说明是去追韩信)刘邦再骂:"那么多将领跑了几十个,你都不追,偏只追韩信一个,分明是骗我。"

名句的故事

项羽将刘邦封为汉王,刘邦忍气吞声率军前往汉中,一路上有很多将领逃跑。

韩信原本是项梁部下,项梁、项羽皆未重用,他投靠刘邦,也不受重用,还差点受他人牵连要被斩首。只有萧何慧眼识英雄,所以一听说韩信跑了,急忙去追,深恐追不到。

萧何追回韩信以后,说服刘邦:"如果只想要长居汉中,那就罢了;如果有心争天下,就要拜韩信为大将。"

于是刘邦拜韩信为大将,韩信献计"明修栈道,暗度陈仓",一举攻下关中,取得和项羽对决的根据地。(汉中与巴蜀封闭地形,只宜割据,不宜进取;关中则进可攻,退可守。)

历久弥新说名句

宋朝李纲为相,赏识宗泽,宗泽赏识岳飞,后来才稳住了南宋半壁江山,甚至差一点直捣黄龙。但后来岳飞被秦桧害死,罪名是"莫须有",因为他的兵权太大。

明朝张居正为相,赏识戚继光,先驱逐倭寇,再镇守河北、辽东抵御女真族(清)。但张居正死后,两人都被构陷:"虽无谋反证据,但有谋反能力。"张居正被褫夺封号,戚继光被罢黜。

韩信因萧何赏识而重用,后来也是因为"有谋反能力"而被杀。

名句可以这样用

人才是国之宝,但赏识人才的眼光更珍贵。萧何追韩信是他发觉韩信有大将之才,且不甘雌伏。然而,即使没有韩信,萧何也会发掘出人才推荐给刘邦。

人才要辞职的理由很多,能够劝老板挽留人才、重用人才,那就是"萧何追韩信"。事实上,"韩信"已经难得,"萧何"更少。

置之死地而后生

名句的诞生

信曰:"此在兵法,顾诸君不察耳。兵法不曰'陷之死地而后生,置之亡地而后存'?且信非得素拊循[1]士大夫[2]也,此所谓驱市人[3]而战之,其势非置之死地,使人人自为战;今予之生地,皆走,宁尚可得而用之乎?"

——淮阴侯列传

完全读懂名句

1. 拊循:慰抚。2. 士大夫:指军中的将士。3. 市人:市民。

韩信(对诸将)说:"这在兵法中就有,只不过各位没想到罢了。兵法上不是说'将军队放到最危险的地方,就(拼命)得以生存'吗?而且,我眼下带领的部队并非久经训练的战士,这正是所谓的"驱使普通老百姓去打仗,非得置之死地才能让他们个个拼命,如果给他们有逃生之路,早就跑光了。哪还能用来打仗呢?"

名句的故事

韩信领兵攻击赵王(赵歇),对方号称20万大军。韩信先派出两千轻骑兵,埋伏在山林中。再派出一万军队背水结阵,赵军看见都大笑,因为这是一个退无可退的"绝阵"。

韩信主力与赵军主力大战一阵之后,假装败退,进入背水阵垒。赵军于是倾巢而出抢夺韩信败退时丢弃在战场上的军旗、战鼓(可以拿来报功劳)。

背水一战的韩信军队个个殊死抵抗,赵军攻不下来,而韩信预先埋伏的轻骑兵乘虚而入赵军营垒,拔去赵军旗帜,插上汉军红旗。赵军一时攻不下韩信,准备退回整军再战,却只见大本营尽皆红旗,霎时军心大乱,四散奔逃,韩信大胜。

收拾战果之后,诸将问韩信:"为何不依照兵法,在山前水后结阵,反其道而行,却能大胜?"韩信就做了前述的解释。

历久弥新说名句

《三国演义》诸葛亮派马谡去守街亭,吩咐他"依山傍水"结阵,马谡不听,反而在山上结阵,还说这是仿效韩信"置之死地而后生",结果被司马懿切断水源,大败而回。诸葛亮不得不

"挥泪斩马谡"。

名句可以这样用

原句的意思是为了"求生"而拼命,但若是阴谋害人,必欲"置之死地",就是完全不同的意思了。

败军之将不可言勇

名句的诞生

广武君¹辞谢曰:"臣闻败军之将,不可以言勇;亡国之大夫,不可以图²存。今臣败亡之虏,何足以权³大事乎?"

——淮阴侯列传

完全读懂名句

1. 广武君:李左车,赵国名将,为赵国立下了战功。2. 图:考虑,谋求。3. 权:衡量。

广武君李左车(向韩信)推辞说:"我听人说过,打败仗的将军没有资格谈军事;亡国的大夫没有条件企求活命。此刻我是败亡的俘虏,哪有资格跟您共商大计呢?"

名句的故事

韩信往攻赵王歇之前,李左车建议赵军在井陉(太行山的隘道)设下伏兵,但是赵军主帅成安君陈余是个读死书的货色,认为"义兵不用诈谋奇计",所以不采纳李左车的计谋。

韩信击败赵军后,下令不准伤害李左车,谁能送来活着的李左车,赏他千金(二千斤黄铜)。终于,有人将李左车绑来献给韩信,韩信亲自为他解开绳索,请李左车坐在西面,自己坐东面——也就是以对老师的礼节相待。

韩信向李左车请教"北攻燕,东伐齐"的战略,李左车推辞"败军之将不可言勇"。韩信说:"如果成安君早先肯用你的计策,我早就被你打垮了。"盛情难却,李左车建议韩信不要用已经疲累的军队再去征伐,先做好战地政务,让赵国人心归服,再派说客去游说燕、齐,如此则"天下事可图也"。韩信完全采纳他的意见,果然燕国很快就"西瓜偎大边"了。

历久弥新说名句

《三国演义》晋帝司马炎派钟会、邓艾攻打蜀汉(诸葛亮已死,刘阿斗不成器),有人提醒司马炎:"如果钟会攻下蜀国以后,自立为蜀王怎么办?"

司马炎说:"败军之将不可以言勇,亡国之大夫不可以图存。

如果蜀国败亡了,那一批货色又怎么能协助钟会反抗我晋国大军?"后来果然钟会灭了蜀以后想自立为主,可是仍被晋军消灭。

也只有罗贯中(《三国演义》作者)这种天才,能引用典故却做出截然不同的引申,还能用得如此贴合,完全没有牵强之感。

名句可以这样用

今天我们用"败军之将不可言勇",较少是败者自谦之语,而多半是批评"败军之将"仍夸夸大言。

智者千虑,必有一失;
愚者千虑,必有一得

名句的诞生

广武君[1]曰:"臣闻智者千虑[2],必有一失;愚者千虑,必有一得。故曰:'狂夫[3]之言,圣人择焉。'顾恐臣计未必足用,愿效愚忠。"

——淮阴侯列传

完全读懂名句

1. 广武君:李左车,赵国名将,为赵国立下了战功。2. 虑:思考,谋算。3. 狂夫:指狂放无知的人。

广武君(李左车)说:"我曾听说过:聪明人哪怕考虑一千次,也会有一次失误;愚笨的人若考虑一千遍,也会有一遍值得采纳。所以说,即使是一个狂人的言语,圣人也会选择采用。我原本担心我的献策未必能及您（韩信）的标准（所以不敢轻率建言），如今我愿意对你付出我的愚忠。"

名句的故事

"败军之将不可言勇"一章提到韩信礼遇李左车，韩信说："从前，百里奚担任虞国大夫，但是虞国灭亡了；之后百里奚到了秦国，秦国却因他而称霸。并不是他在虞国时很愚蠢，到了秦国却突然变得有智能，完全是因为领袖能不能用、听不听建言的缘故。"

韩信诚意十足，李左车仍维持低姿态，顺着韩信的"智与愚"说法，表达他愿意效忠，同时点醒韩信不要因为一次大胜利（以号称数万、实则数千的兵力击溃20万赵军，详见"置之死地而后生"）而得意忘形，要顾及"智者千虑，必有一失"。

历久弥新说名句

《三国演义》刘备取西川，张飞担任先锋大将，遇到镇守巴郡的老将严颜数攻不下，后来用计生擒严颜。张飞一如韩信对李左车的做法，亲自为严颜解开绑缚，为他穿衣，扶他上座，自己低头拜请指点。严颜为之感动，襄助张飞一路顺利推进。

张飞的形象是"粗、猛"，但也经常粗中有细，偶出奇计。

而化敌对为助力，诚为这位猛将最了不起的一幕。

名句可以这样用

"智者千虑，必有一失"提醒我们不可自恃聪明；"愚者千虑，必有一得"的近似用句，则是"不以人废言"。

韩信将兵,多多益善

名句的诞生

上问曰:"如我能将¹几何²?"信曰:"陛下不过能将十万。"上曰:"于君何如?"曰:"臣多多而益善耳。"

——淮阴侯列传

完全读懂名句

1. 将:率领。2. 几何:多少。

皇帝(刘邦)问:"以我的能力,可以指挥多少军队?"韩信说:"陛下只不过能指挥十万大军。"刘邦问:"那你自己呢?"韩信说:"我嘛,愈多愈好!"

名句的故事

刘邦得天下之后,先将韩信由齐王改封楚王,再褫夺楚王改封淮阴侯（事见"狡兔死，走狗烹"），韩信因此称病不朝。刘邦多次与韩信聊天谈起诸将的能力，韩信评论诸将的标准是"能指挥多少军队"，于是有上述对话。

刘邦听了韩信的回答，心中当然不服气，就说："你既然能力那么强，为何臣服于我？"韩信说："那是因为陛下虽不善于带兵，可是善于统御将领。这是天赋才能（领导气质），不是后天努力可及的。"

历久弥新说名句

韩信的回答，字面上解读是自认不及，可是骨子里实有"我只是运气（天命）不好而已"的意味。能力既强，心又不服，刘邦怎么能放心让他活着？（再体会一次"养虎自遗患"。）

明朝的张居正权倾一时，在位时重用戚继光，先在南方剿倭寇，再调北方守蓟门（山海关）。张居正死后，反张派系发动反扑，牵连到戚继光。他们向皇帝陈诉的理由居然是："张居正和戚继光虽无谋反证据，但有谋反实力。"

这和韩信被诛的理由完全一样，同时也是南宋岳飞被杀的理由"莫须有"，也就是"不需要理由"——谁教你那么强？

功高震主仍能持盈保泰的例子很少，唐朝中兴名将郭子仪是一位，那得靠皇帝和大将之间的互信和相忍。

有非常之人,然后有非常之事——列传

名句可以这样用

"多多善益"只是一个形容词,而"韩信将兵,多多益善"就有浓厚的自负成分。如果老板懂得这句名言典故,又兼气量狭窄,千万别轻易出口!

秦失其鹿,天下共逐之

名句的诞生

对曰:"秦之纲绝而维弛,山东大扰,异姓并起,英俊乌集。秦失其鹿[1],天下共逐之,于是高材疾足[2]者先得焉。跖[3]之狗吠尧,尧非不仁,狗因吠非其主。当是时,臣唯独知韩信,非知陛下也。且天下锐精持锋欲为陛下所为者甚众,顾力不能耳,又可尽烹之邪?"

——淮阴侯列传

完全读懂名句

1. 鹿:比喻帝位。2. 高材疾足:身材高,脚步快,比喻才智高超,办事快捷。3. 跖:相传是古代的大盗,生性暴虐,横行天下。也作"盗跖"或"盗蹠"。跖,读作zhí。

(蒯通)回答刘邦:"当初秦帝国失去了控制,纲纪大乱,太行山以东地区各路人马纷纷起义,英雄俊杰如乌鸦般群集。好比秦国的鹿走失,天下人群起追逐,而身材高、脚步快的人先一步得手。又好比盗跖的狗对着帝尧吠叫,并非尧是坏人,而是狗对着生人吠叫——那个时候,我只知道有韩信,不知道有陛下您呀!更何况,全天下拿起兵器想要从事与陛下相同作为(争天下)的人那么多,又怎么可能通通烹杀尽呢?"

名句的故事

蒯通本名蒯彻,是齐地(山东)游说之士。他在韩信封为齐王之时,前往游说韩信,并诡称精于相术,他对韩信说:"相君之面贵当封侯,相君之背贵不可言。"

从来只听说看面相,没听说看"背相",蒯通的意思再明显不过——臣服刘邦最多不过封侯,自立为王则可以和项羽、刘邦鼎足而三,有机会得天下。

韩信被诛之前,说了一句"恨不用蒯通计",因而刘邦下令烹杀蒯通,蒯通喊冤,并作以上陈述,刘邦就释放了蒯通。

历久弥新说名句

韩信其实无意造反,刘邦却杀了他;蒯通的确建议过韩信造反,刘邦却饶了他。为什么?理由很简单:韩信有造反实力,蒯通则无力造反。刘邦毕竟是开国君主,不至于滥杀人才,而蒯通在日后也为安定刘姓皇室,与李左车一同为"诛吕安刘"立下大功。

名句可以这样用

原句无须多做说明。故事中"跖犬吠尧"成语,意指"人各为其主",不应将对手阵营一网打尽、株连太广,应用也很普遍。

拿唐太宗为例,凌烟阁24位开国功臣当中,有12位曾是"敌人",足以说明"欲成大业得有宽阔胸襟"。

期期以为不可

名句的诞生

昌¹为人吃²,又盛怒,曰:"臣口不能言,然臣期期³知其不可。陛下虽欲废太子,臣期期不奉诏⁴。"

——张丞相列传

完全读懂名句

1. 昌:周昌,沛人也。兄为周苛,秦时皆为泗水卒史。高祖起沛,击破泗水守监,于是周昌、周苛自卒史从沛公。沛公立为汉王,以周苛为御史大夫,周昌为中尉。2. 吃:口吃,说话结巴、言语表达困难的样子。3. 期期:因口吃而发出的气声,后用来形容人口吃发音困难、说话不流利。4. 奉诏:奉承命令。

周昌平常讲话有口吃的毛病,再加上盛怒之下情绪激动,说:"我的口才不好,但是我'期期'认为不可以;陛下若要废太子,我'期期'不接受诏书(抗拒皇命)。"

名句的故事

周昌和他哥哥周苛都是刘邦自沛县起兵时的"元老"。周苛在战争中被项羽俘虏,不屈,被烹杀,刘邦因而更尊重周昌。

有一次,周昌入宫奏事,刘邦正拥着戚姬,周昌见状立即回身往外走。刘邦追上去,骑在周昌脖子上,问:"你说,我是一个怎样的君主?"周昌仰起头,说:"陛下是和桀纣一样的君主(昏君)。"刘邦大笑。

这一幕,充分显现君臣之间可以完全不拘礼数,刘邦拿周昌当老朋友,而周昌对刘邦可以直言顶撞而无性命之虞。而前述名句则是刘邦有意废太子,群臣在朝廷上向皇帝力争,周昌又一次直言顶撞。

吕后当时在大殿的东厢侧耳偷听,等到退朝,吕后跪谢周昌:"若非您老人家,太子几乎就要被废掉了。"

历久弥新说名句

故事还没完。刘邦废不掉太子,因而更担忧戚姬的儿子刘如意(封为赵王)将来会被吕后报复,于是派周昌去当赵国宰相。

刘邦去世,吕太后当政,派使者召赵王入京,周昌以赵王身体不适推托,使者三度宣召都被周昌挡住。吕后乃宣召周昌赴京,当面骂他:"你明明晓得我怨恨戚姬,为何阻挡?"

周昌人在长安,吕太后再派使者宣召赵王,赵王只好到长安朝见吕后,一个多月后,"饮药而死"(可疑!)。周昌因而称病不朝,三年后去世。

名句可以这样用

"期期"原本是形容口吃者情急之下发出的气声。但后人用"期期以为不可",意谓"理由不多讲了,总之是不同意",有加强语气的作用。例如报章社论就常用:"对××政策,我们期期以为不可。"

马上得天下,不可马上治之

名句的诞生

陆生[1]时时前说称诗书,高帝骂之曰:"乃公居马上而得之,安事诗书!"陆生曰:"居马上得之,宁可以马上治之乎?(……)乡使秦已并天下,行仁义,法先圣,陛下安得而有之?"高帝不怿[2]而有色[3]。

——郦生陆贾列传

完全读懂名句

1. 陆生:指陆贾。秦末楚人,从汉高祖定天下,擅长口辩。曾出使南越,拜为太中大夫。2. 不怿:不悦、不愉快的意思。怿,读作yì。3. 色:惭愧的样子。

陆贾经常向刘邦进言,并且言必引述《诗经》和《书经》。刘邦骂他:"你老子骑在马上得到天下,《诗经》和《书经》有啥用!"陆贾说:"枪杆子里可以出政权,但怎么可以用枪杆子治国呢?(……)如果当年秦始皇得了天下以后,行仁义之道,效法古代圣王,陛下哪有机会得天下呢?"刘邦听了很不高兴,但是脸上现出惭愧的神色(心里明白陆贾说得有道理)。

名句的故事

陆贾对刘邦的陈述中,讲了前代的两个借镜(原文"……"部分):商汤和周武王革命,取代桀、纣,都是用武力得天下,但要能文武并用,才是可长可久的治国之术;春秋时吴王夫差和晋国强宗智伯,都是因为一味崇尚武力而亡国。

这两个历史教训让刘邦无可反驳,于是命令陆贾写作"秦为何失天下?我何以得天下?以及古代国家成败的道理"。陆贾以非常浅近的笔法(写得太深奥的话,刘邦看不懂),写了十二篇。每完成一篇上奏,刘邦都很称赞,皇帝左右则在一旁呼"万岁"(哄得皇帝高兴,喜欢文治,就可以少打仗),这十二篇合辑为《新语》一书。

历久弥新说名句

中国历史上最懂得记取历史教训,不蹈前朝亡国覆辙的皇帝推唐太宗,《贞观政要》当中记录了很多这类的言论。

唐太宗巡游洛阳宫时,对同行的臣子说:"此宫中的楼台庭园，都是隋炀帝建的，他驱使百姓建造如此华丽宫殿，搞垮了民生经济，结果身死国灭，如今宫苑皆归我所有。朕和你们面对隋朝的弊端，要知所警惕，才能使社稷永存。"

名句可以这样用

民主政治不必"枪杆子里出政权"，但是"政权以选举得之，不能以选举治之"，如果当选了仍然天天搞选举，社会哪一天能安静下来呢？

卑之无甚高论

名句的诞生

文帝曰:"卑¹之,毋甚高论,令今可施行也。"于是释之²言秦汉之间事,秦所以失而汉所以兴者久之,文帝称善。

——张释之冯唐列传

完全读懂名句

1. 卑:下也,这里有使简陋、简单的意思。2. 释之:张释之,字季,官任廷尉,掌管全国司法工作。

汉文帝说:"讲平实一点,不要太过于高谈阔论,要今天可以施行的事项。"于是,张释之开始谈秦汉之间的事例,陈述秦为何失天下,而汉何以兴起,谈了很久,汉文帝非常嘉许。

名句的故事

张释之可能是历代司法官当中最受推崇的一位，有所谓"张释之为廷尉，天下无冤民"的评价。他的名言"廷尉（法务部长）天下平也"，犹如今日所言"司法是社会正义的最后堡垒"。

张释之做官是买来的，西汉开始有捐官制度，张释之的哥哥捐谷为弟弟买官，干了十年不得升迁，有意辞官回家种田，幸赖袁盎赏识他的才华，向皇帝推荐张释之。张释之在晋见皇帝时，大谈古代圣君如何如何。汉文帝是古今第一好皇帝（高阳的评价），不爱听理论，要他讲对国计民生立即有益的事情，而张释之也能讲得头头是道，于是一再升迁直到掌理全国刑狱。

历久弥新说名句

战国时，商鞅见秦孝公，第一次晋见，商鞅大谈"帝道"（五帝的治术），秦孝公听到打瞌睡。第二次大谈"王道"（周公所订周王朝治道），孝公还是没兴趣，第三次他大谈"霸道"（富国强兵之术），这下子正中秦孝公下怀，身体渐渐靠近商鞅，不知不觉间，双膝甚至触到了商鞅的座下席垫。一连谈了数日，于是重用商鞅，变法图强。

商鞅是"法家"代表人物，法家讲求以法律威信建立全民向心。张释之说动皇帝的过程近似商鞅，而他担任司法首长，除了立威立信，更讲求"廉、平"，因而得到当世与后世的推崇。

名句可以这样用

汉文帝原句的意思是"讲实在一些，不要唱高调"，后来的用法，由于"毋"、"无"相通，以及断句不清，变成"卑之无甚高论"也就是"看来没什么高明见解"。此所谓积非成是，也可说约定俗成，"无须"（不必一定）拘泥原典。

鄙人不知忌讳

名句的诞生

上既闻廉颇、李牧[1]为人,良说而搏髀[2]曰:"嗟乎!吾独不得廉颇、李牧时为吾将,吾岂忧匈奴哉!"唐[3]曰:"主臣!陛下虽得廉颇、李牧,弗能用也!"上怒,起入禁中[4]。良久,召唐让曰:"公奈何众辱我,独无闲处乎?"唐谢曰:"鄙人[5]不知忌讳[6]。"

——张释之冯唐列传

完全读懂名句

1. 李牧:人名,战国时赵将。常年居雁门关防备匈奴,使匈奴十多年不敢犯边境。后大破秦军,封武安君。秦施反间计,李牧遭诬为谋反,被斩。于是秦灭赵国。2. 搏髀:拍击大腿,表示情绪激动。髀,读作bì,指膝部以上的大腿骨,或大腿。3. 唐:冯唐,汉文帝时为中郎署长。4. 禁中:旧称天子居住的地方。

5. 鄙人：住在乡野、粗鄙的人。6. 忌讳：指避忌、隐讳某些举动或言语。

汉文帝闻知廉颇、李牧的事迹以后，既高兴又感叹，拍着大腿说："唉！我怎么得不到像廉颇、李牧当年那样的将才呢？（如果有的话）我何必为匈奴而忧心？"冯唐说："臣惶恐进言，陛下即使得到廉颇、李牧，也不懂得任用啊！"

汉文帝闻言大怒，站起来走回禁宫。过了许久，召冯唐入见，责备他："你为何在众人面前羞辱我，难道不能私下讲吗？"冯唐谢罪："我是乡野粗鄙之人，不懂得避忌隐讳。"

名句的故事

汉文帝再问冯唐："你何以认为我不能用廉颇、李牧？"冯唐说："李牧担任赵国镇边大将，军中市场收到的租金全都用来犒赏军士，赏赐由大将自行决定，中央政府从不干涉，完全授权但求成功。但是，最近魏尚担任云中郡守，作风一如李牧，因而将士用命，匈奴远避，却因为一句话不合意，就削爵为庶民。臣认为，陛下的法太明（过于查察为明）、赏太轻、罚太重。以此看来，陛下纵使得到廉颇、李牧，也不能充分授权。臣触犯忌讳，死罪、死罪！"汉文帝顿时醒悟，当天就派冯唐带着天子符节前往云中，赦免魏尚，官复原职。

历久弥新说名句

汉武帝时,李陵伐匈奴,兵败被俘,司马迁为李陵讲话,遭到宫刑处罚。这是汉文帝与汉武帝不同的地方,而司马迁对冯唐大加揄扬,多少有为自己感到哀伤(不得其主)的意味。

名句可以这样用

我们今天用"鄙人"为自谦之语,但"鄙人"和"在下"的用法,在明白典故之后,可以稍做区别:要发表议论,尤其是忠言逆耳时用"鄙人",以缓和因直言引起的刺耳感觉。

将门之下必有将类

名句的诞生

赵禹曰:"吾闻之,将门之下必有将类。(……)今有诏举将军舍人¹者,欲以观将军而能得贤者文武之士也。今徒取富人子上之,又无智略,如木偶人衣之绮绣²耳,将奈之何?"于是赵禹悉³召卫军舍人百余人,以次⁴问之,得田仁、任安,曰:"独此两人可耳,余无可用者。"

——田叔列传

完全读懂名句

1. 舍人:左右亲信或是门客的通称。2. 绮绣:指五彩华丽的丝织品。3. 悉:全部的意思。4. 以次:依次。

赵禹(对卫青)说:"我曾听说,将门之下必定有军事人才。(……)如今皇上下诏拔擢将军门下的食客,就是认为将军必定收容了文武才能之士。如今您只挑出家境良好的子弟，他们却完全缺乏智略，如同木偶穿上锦绣衣衫而已，怎么向皇上交差？"于是赵禹将卫青府中一百多位食客通通叫出来，挑出田仁、任安二人，说："只有这两个可以，其余都不能用。"

名句的故事

田仁的父亲田叔担任鲁王（汉景帝之子）的宰相，政绩有口碑，死后鲁人感念他，募集百金要为他建祠。田仁婉谢，说："不能为了百金，伤害先人名声。"

田仁与任安同为大将军卫青的舍人，两人都贫穷而有志气。汉武帝下诏卫大将军提报舍人担任"郎"（初级军官），卫青的"口袋名单"都是舍人当中比较富有的。（其实，是大将军家监提出，那些人平常有钱笼络家监。）

刚巧，贤大人赵禹来拜访卫青，卫青就叫出那些"口袋名单"舍人，请赵禹评鉴一番。赵禹一个个与他们对谈，没一个有真才实学。于是赵禹自全体舍人当中挑出了田仁和任安，果然汉武帝也赏识这两人，后来都做到千石以上高官。

历久弥新说名句

原文中"……"处，是赵禹引用《左传》："不知其君视其所使，不知其子视其所友。"用意是提醒卫青：若推荐的舍人不堪用,皇帝会因此降低对大将军"识人之能"的评价。

名句可以这样用

闽南语谚语"第一门风,第二祖公",就有门风高于血统的意味,亦即"将门之下必有将类"是比"龙生龙,凤生凤"更高的评价。同时,本句与"物以类聚"用法不同,物以类聚是同质者主动地相互吸引,本句是被动地受师长赏识。

信巫不信医

名句的诞生

故病有六不治：骄恣[1]不论于理，一不治也；轻身重财，二不治也；衣食不能适，三不治也；阴阳并、藏气不定，四不治也；形羸[2]不能服药，五不治也；信巫不信医，六不治也。有此一者，则重难治也。

——扁鹊仓公列传

完全读懂名句

1. 骄恣：任性、傲慢。2. 羸：读作 léi，瘦弱。

所以说，疾病有六种情形无药可救：病人骄傲任性，不可理喻，是第一种不治；不爱惜身体却拼命追求财富，是第二种不治；衣着不随季节增减，饮食不知节制，是第三种不治；阴阳相争、气血不定，是第四种不治；体质衰弱不能服药者，是第五种不治;相信巫术占卜却不相信医生,是第六种不治。罹患疾病,又有这六种情形之一,那就更难治疗了。

名句的故事

古代名医扁鹊见齐桓侯,说:"你有病潜伏在皮肤,不加治疗的话,将深入体内。"桓侯说:"寡人没病。"扁鹊辞出,齐桓侯对左右说:"医生好利,想以没病的人邀功。"五天后,扁鹊再度入见,说:"你有病在血脉,不治疗将更深入。"桓侯仍说"寡人无病"。又过了五天,扁鹊入宫,望见桓侯,回头就走,桓侯命人去问他为什么,扁鹊说:"疾病在皮肤,可以用汤药治疗;疾病深入肠胃,可以用药酒治疗;一旦进入骨髓,我也没办法了。"又过了五天,齐桓侯果然病发,派人召见扁鹊,扁鹊已经逃离齐国,桓侯终于病死。

历久弥新说名句

汉高祖刘邦讨伐英布叛变,被流矢所伤,病得很重,吕后找来良医,医生对刘邦说:"这病可以医治。"刘邦破口骂他:"我以一介平民,提三尺剑争得天下,难道不是天命吗?命由天定,即使扁鹊复生,对我又有何益?"于是不让医生治病,赏他五十金,打发他回去。

吕后见情况如此,就问刘邦:"陛下百岁(逝世)以后,国事可以托付给谁?"于是有"萧规曹随"的故事。那一次,刘邦的伤好了,但不到一年去世。

名句可以这样用

原始社会中,巫、医不分,随着社会进步,医生愈来愈专业,但即使到了今天,仍有很多人"信巫不信医"。放大来看,政治、经济各层面,若不信专业而自以为是,甚至只相信"天命",不也是信巫不信医吗?

杀一人以谢天下

名句的诞生

盎¹对曰:"方今计独斩错²,发使赦吴楚七国,复其故削地,则兵可无血刃³而俱罢。"于是上嘿然⁴良久,曰:"顾诚何如,吾不爱一人以谢天下。"(……)错衣朝衣斩东市。

——吴王濞列传

完全读懂名句

1. 袁盎:人名,字丝,西汉楚人。文帝时为郎中,景帝时与错有嫌隙,吴楚造反,帝用盎谋诛错,拜盎为太常。之后因事为梁王所怨,被刺而死。2. 错:人名,西汉颍川人。文帝时,奉命受尚书于伏生,累迁太子家令。景帝时迁御史大夫,因倡议削诸侯封地,导致吴、楚等七国举兵造反,要求诛错,后被杀。或作"晁错"。3. 血刃:血染刀刃的意思,指杀戮、战争。4. 嘿然:不做声。

(汉景帝屏退错,问袁盎有何计策可退吴楚七国之叛兵)袁盎回答:"(吴楚只希望诛杀错、恢复固有封地而已)如今只要斩一个错,派出使节宣布赦免吴楚等七国(造反之罪),恢复他们被削减的土地,那么就可以兵不血刃而免去一场战祸。"当时景帝沉吟许久,然后说:"你看到底该怎么做?我当然不惜一条人命以向天下谢罪。"(袁盎请皇帝自做决定)。结果,错身着朝服被斩于长安东门市集。

名句的故事

汉高祖刘邦削平叛乱(功臣)之后,订下"非刘氏不封王"的最高原则。然而,强藩不服中央朝廷之势,不因刘氏同宗而稍减。因而,汉文帝和汉景帝都亟思压抑或削弱诸王势力。

袁盎和错其实都是主张"削藩"的大臣。但袁盎曾担任吴国宰相,错则是汉景帝当太子时的老师,两人暗中较劲。当七国叛变时,错曾在皇帝跟前中伤袁盎,说他"理当知情",这个罪名可致袁盎于死。

后来在局面难以收拾之际,大将军窦婴推荐已退休的袁盎,袁盎乃借单独向皇帝进言的机会,报复错。事实上,后来景帝派袁盎为使节去宣布赦免吴王濞,吴王根本不奉诏,袁盎趁夜逃回,错则白白掉了脑袋。

历久弥新说名句

汉武帝时,匈奴请求和亲,王恢独主张开战。后来,汉大军三十万分五路埋伏在马邑的山谷中,被匈奴单于识破,未中伏。而王恢率军三万,原本任务是追击匈奴辎重,却不执行任务而撤退,被送军法治罪。太后为他讲情,汉武帝说:"发兵数十万,就是为了他的建言。如今不杀王恢,无以谢天下(向三十万将士谢罪)!"

名句可以这样用

"不爱一人以谢天下"就是"杀一人以谢天下"的委婉说法。若砍一颗脑袋或处分一人就能平息众怒,当然是"本轻利重"。然而,"杀××以谢天下"经常只是内部斗争作用大,平息外患功效小,袁盎害死了错,大局仍难挽回,就是血淋淋的例子。

郁郁不得志

名句的诞生

魏其¹失窦太后,益疏不用,无势,诸客稍稍自引而怠傲,唯灌将军²独不失故。魏其日默默不得志,而独厚遇灌将军。(……)灌孟³年老,颍阴侯强请之,郁郁⁴不得意,故战常陷坚,遂死吴军中。

——魏其武安侯列传

完全读懂名句

1. 魏其:即窦婴,字王孙,西汉观津人。文帝窦后的侄儿。武帝时任丞相。七国之乱,被景帝封为大将军,乱平,以功封魏其侯。2. 灌将军:指灌夫,为人刚直,不善阿谀他人,曾在宴会上饮酒骂人,而得罪了丞相,以致族诛。3. 灌孟:灌夫的父亲。4. 郁郁:闷闷不乐。

有非常之人，然后有非常之事——列传

魏其侯窦婴在窦太后过世以后，渐渐被皇帝疏远不受重用，昔日权势不再，门下宾客开始另找出路，对窦婴甚至出现怠慢或倨傲的态度，只有灌夫一如以往。窦婴终日因失意而少言语，唯独对灌夫特别好。（……）灌孟年纪已经很大，由于颍阴侯灌何极力推荐才得担任校尉，灌孟因不得施展抱负而心中郁闷，因此每逢作战总是冲向敌军（七国之乱叛军）坚强之处，终于死在吴军阵地中。

名句的故事

灌孟本姓张，为灌家舍人，蒙主人允许改姓灌。灌孟为国捐躯，依汉代军法，灌夫可以扶柩回家，可是灌夫不肯，誓言要为父报仇，召募自己手下十数人，冲进吴军阵地。他直达对方大将旗帜之下，杀伤数十人。回到己方阵地时，只剩自己一人一骑，身上较大的伤口十几处（小伤未计），因此而名闻天下，累积军功升为将军。

灌夫个性刚直，好饮酒，对贵戚不假辞色，独对窦婴特别礼貌。窦婴失势，两人相互援引，灌夫为窦婴与当权的武安侯田蚡牵线，安排了饭局，田蚡却将他俩"放鸽子"，双方因而交恶。

历久弥新说名句

灌夫对失势的窦婴下工夫，是官场上"烧冷灶"的实例之一。后来灌夫犯了罪,窦婴为他上书皇帝,但毕竟冷灶不如"热灶",敌不过王太后和田蚡(王太后亲弟弟),最终都被处死。

窦婴和田蚡之间的恩怨,牵涉前后两位太后的娘家外戚,司法单位不敢处理,连汉武帝(当时尚年轻)都难以裁决。外戚干政戕害司法,汉朝后来的衰败,自此埋下种因。

名句可以这样用

窦婴因失势"不得志"而默默,灌孟因年老不得意而"郁郁",两句合为一句,成为我们今天常用的"郁郁不得志"。

桃李不言,下自成蹊

名句的诞生

余睹李将军[1]悛悛[2]如鄙人,口不能道辞,及死之日,天下知与不知,皆为尽哀。彼其忠实心诚信于士大夫也。谚曰:"桃李不言,下自成蹊[3]。"此言虽小,可以谕大也。

——李将军列传

完全读懂名句

1. 李将军:指李广,西汉名将。文帝时为武骑常侍,武帝时担任右北平太守,匈奴称他"飞将军"。2. 悛悛:形容人敦厚笃实的样子。悛,读作 quān。3. 蹊:小路。

(司马迁在《李将军列传》结尾评论)我看到的李(广)将军,老实厚道像个乡下人,口才不是很好。他死的那天,天下(士人)无论认识他的或不认识他的,都为他深深哀悼,就是因为他本心忠实诚意让士大夫信服的缘故。俗话说:"桃李不会（不必）说话,树下却自然而然被人们走出路来。"这句话虽然讲的是小事情,却可以用来比喻大道理。

名句的故事

汉朝"飞将军"李广一生战绩彪炳,带兵打仗身先士卒,得到赏赐总是分给部下,终其一生,虽然官俸两千石（相当文官一级）有四十多年,可是家无余财。

汉文帝曾经对他说:"可惜你生在太平时期,若是生在高祖时代,万户侯又算什么？"然而,到了汉武帝时,屡次对匈奴大举用兵,李广也屡建奇功,却总是运气不佳,无缘封侯。

他最后一次出征已经六十多岁,统帅是大将军卫青,汉武帝私下告诫卫青:"李广年纪大了,运气又不好,不要让他面对匈奴主力。"结果,李广又因为迷路而误了大军集结。这一次,李广不愿再度面对军法官,引刀自刎。天下百姓听说,无论老年人、壮年人都为他垂泪。

历久弥新说名句

战国时赵国名将赵奢的儿子赵括,自幼随父亲学习兵法,经常与父亲辩论。赵奢虽不同意赵括的论点,口头上却驳不倒他,于是赵括自诩天下第一,受到赵孝成王重用。

然而，赵括待部下骄傲，国君每有赏赐都带回家，并且有机会就购置田产。后来，他担任赵军主帅，被秦军俘虏数十万人（士卒不愿效死），自己阵亡。这个故事可作为李广作风的反面教材。

名句可以这样用

打开报纸求才广告版，那些在广告中大吹大擂自己公司有多好的，经常在登广告（总是在缺员状态下）；而那些素享盛名的公司，每次招人都有成千上万人应征，那就是"桃李不言，下自成蹊"了。

匈奴未灭,何以家为?

名句的诞生

骠骑[1]将军为人少言不泄[2],有气敢任。天子尝欲教之孙吴兵法,对曰:"顾方略[3]何如耳,不至学古兵法。"天子为治第[4],令骠骑视之,对曰:"匈奴未灭,无以家为也。"

——卫将军骠骑列传

完全读懂名句

1. 骠骑:形容马跑得很快,也是汉代职官名,对将军的称号。2. 不泄:隐瞒所知,不宣布。3. 方略:指方法谋略。4. 治第:建造宅第。

骠骑将军(霍去病)沉默寡言,更不泄露别人言语,有气魄敢担当。汉武帝曾经要他学孙子吴起的兵法,他回答:"打仗端视对阵方略如何而已,不必去学习古代的兵法。"汉武帝为他建造府第,完成后叫他去看,他回答:"匈奴尚未消灭,无心虑及家事。"

名句的故事

霍去病是一位少年英雄,他的确比其他将领勇敢,且才华洋溢。卫青第三次出塞征匈奴,霍去病率领八百骑兵,超前大军数百里作战,斩首俘虏两千多人,升为骠骑将军,封冠军侯。接连几次战役之后,食邑增加到九千五百户(差一点点就是万户侯了)。

霍去病的运气比李广好。或许因为他是卫青的外甥,而卫青是皇帝的小舅子,身为皇亲国戚当然占了便宜,可是与匈奴打仗得靠真刀真枪,裙带可不能杀敌。

霍去病和李广相同的作风是沉默寡言、勇敢有担当,且不以家产为念。不同的作风是,霍去病并不体恤军士的劳苦,当军队在塞外,粮草缺乏时,他还有兴致踢足球(蹴鞠)。尽管如此,仍能每战皆捷,想必有他独到的领导统御方法。

历久弥新说名句

南宋抗金名将岳飞,年轻时,受宗泽赏识。宗泽有意传授岳飞"阵图"(布阵之法),岳飞说:"列阵而战是普通的兵法,真正交战时,运用之妙,存乎一心。"这是岳飞与霍去病同为青年将才的共通点。

岳飞家里没有妾婢服侍,当时另一位抗金名将吴玠买了一位"名姝"(著名的歌伎)送给岳飞,岳飞说:"主上仍为国事忧心,岂是大将求安乐的时候?"婉拒吴玠的好意。这也近似霍去病为国忘家的作风。

名句可以这样用

本句常有引用,可是多作"匈奴未灭,何以为家?"用来推托成家,表示待事业有成才考虑结婚。这是"家为"与"为家"的小差别,将名句稍做修改,改得不错!

有非常之人,然后有非常之事

名句的诞生

盖世必有非常之人,然后有非常之事;有非常之事,然后有非常之功。非常者,固常之所异也。故曰,非常之原[1],黎民[2]惧焉;及臻[3]厥成,天下晏如[4]也。

——司马相如列传

完全读懂名句

1. 原:源头,开始。2. 黎民:民众,老百姓。3. 臻:至,达到。4. 晏如:平静,安宁。

简单说,世上必定要出现非常之人,才能干出非常之事;做了非常之事,才能建立非常的功业。所谓"非常",原本就和"通常"不一样。所以说:一件非常之事在开始时,老百姓是戒慎恐惧的,等到成功之后,天下就太平了。

名句的故事

汉朝时,西南方夷族诸部以夜郎国最大,夜郎国王曾经问汉帝国使者:"汉与我国谁比较大?"也就是"夜郎自大"成语的典故由来。

汉武帝派唐蒙经略西南,将夜郎设置犍为郡。同时派遣司马相如出使四川西边各夷族,设置了十几个县,归蜀郡管辖。

司马相如到达蜀郡之初,蜀地父老群起表示:沟通西南夷没有大用。司马相如就写了一篇文章,向父老及百姓说明天子的用意。其中重点就在于前述原文那几句话,说服了蜀地豪族支持通西南夷的政策。

司马相如年轻时很贫穷,又有口吃的毛病,可是文才极高,又善于奏琴,以琴音挑动了富豪卓王孙的女儿卓文君,夜里与他私奔,两人在成都开小饭馆维生。卓王孙起初很生气,后来气消了,就分给他们钱财和童仆。司马相如因而有资金到长安求官,以文章打动汉武帝,担任郎官。他以文学的力量建立外交方面的功业,与李广、霍去病(口才不好,军事好)足堪比拟。

历久弥新说名句

三国前期,董卓讨伐曹操,陈琳起草檄文,其中也用了"有非常之人，乃有非常之事"。但用意却是抹黑曹操，说他是宦官养子的后代，又下达挖坟盗墓的命令以聚敛财宝等等。在陈琳笔下，"非常"之人成了"非常坏"的人。

名句可以这样用

所有的改革都是"非常"（不同于往常）的事情，人们因不了解而戒惧，或因不适应而"阵痛"。但只要熬过阵痛，"新生"的喜悦会带来长远的太平。母亲怀孕、生子，不也是"非常之事"吗？

一尺布,尚可缝

名句的诞生

民有作歌歌淮南厉王曰:"一尺布,尚可缝;一斗粟,尚可舂[1]。兄弟二人不能兼容。"上闻之,乃叹曰:"尧舜放逐骨肉,周公杀管蔡,天下称圣。何者?不以私害公。天下岂以我为贪淮南王地邪?"乃徙[2]城阳王王淮南故地,而追尊谥淮南王为厉王,置园复如诸侯仪[3]。

——淮南衡山列传

完全读懂名句

1. 舂:以杵臼捣去谷物的皮壳。2. 徙:转移,迁移。3. 仪:礼节。

民间有人做歌谣讽刺淮南厉王绝食而死事件:"一尺布尚且可以缝来共穿;一斗谷子尚且可以舂而共食。为何兄弟二人不能

有非常之人，然后有非常之事——列传

兼容？"汉文帝听到，叹气说："尧舜放逐骨肉（同姓"四凶"），周公杀管叔蔡叔，天下人称颂他们为圣人。为什么？因为他们不以私害公。难道当今天下人以为我贪图淮南王的土地吗？"于是将城阳王调迁到淮南国原来的土地，再将死后已贬为列侯的淮南王追尊为淮南厉王，墓园比照诸侯礼制。（后来又将淮南王的三个儿子分封到原来土地为王。）

名句的故事

淮南王刘长是汉高祖刘邦最小的儿子，汉文帝的兄弟，可是自恃亲贵，骄纵不守法。汉文帝一再姑息，造成淮南王变本加厉，国内用自己的年号、自订法令，一切比拟天子。甚至派自己的儿子出使闽越、匈奴（私通敌国）。

终于，汉文帝不能再坐视不理，派人用槛车将淮南王载到长安（下狱治罪），刘长不愿接受这项屈辱，绝食而死。

历久弥新说名句

三国魏文帝曹丕逼自己的弟弟曹植"七步成诗"，否则处斩，曹植吟出流传千古的名句："本是同根生，相煎何太急？"这两句乃成为兄弟不兼容的最佳用句。"一尺布，尚可缝"虽然少被应用，但仍然是绝佳比喻。

名句可以这样用

其实,平凡人家的兄弟之间反而能做到"共衣一尺布,共食一斗粟";愈是富贵人家,兄弟之间为了争家产、争权力,斗争愈是激烈。易言之,一尺布可以缝衣共穿,家有"万尺布"反而不能兼容。

夜不闭户,路不拾遗

名句的诞生

子产[1]为相一年,竖子[2]不戏狎[3],斑白[4]不提挈[5],僮子不犁畔[6]。二年,市不豫贾[7]。三年,门不夜关,道不拾遗。四年,田器[8]不归。五年,士无尺籍[9],丧期不令而治。

——循吏列传

完全读懂名句

1. 子产:春秋郑国大夫公孙侨,字子产。博学多闻,擅长于政治。当时晋楚争霸,郑国处两大国之间,子产能事大国以礼,并让晋楚敬畏之。死时,孔子为之涕。2. 竖子:儿童,年轻人。3. 戏狎:戏弄轻慢。4. 斑白:头发花白,指老年人。5. 提挈:照顾。6. 犁畔,指从事农事。7. 豫贾:豫,欺骗;贾,同"价"。指哄抬售价以欺骗顾客。8. 田器:指耕田用的农具。9. 尺籍:指书写军令、记录军功的簿册。

子产担任郑国宰相，一年以后，年轻人不再轻浮，银发族不用再操劳，小孩子不必下田帮忙耕作。两年后，市场物价稳定不波动。三年后，晚上不必关门，路上遗失物品不会有人捡拾。四年后，农耕器具可以留在田里不带回家。五年后，士人不必入伍服役（无外患），家有丧事也自动依礼仪办理。

名句的故事

子产治理郑国的政绩，几乎是中国知识分子阶级"学而优则仕"、对政治品质期许的最高境界。他用的方法是"教化"，也就是以道德约束。子产更是"言论自由"的先驱。当时郑国知识分子经常聚集在乡校批评时政，有人就建议子产把乡校废了，子产不同意。（对照"防民之口甚于防川"。）子产担任郑国宰相26年，死后，青壮年人为他号哭，老人为他"儿啼"（如婴儿般啼哭），人们都说："子产离我们而去，人民将如何自处？"

历久弥新说名句

《史记》中另一处记载"道不拾遗"是在《酷吏列传》。汉武帝时，王温舒担任广平郡都尉，他掌握司吏的黑资料，如果缉捕盗贼不力，就翻出老案子治罪，最重者祸延全族。因而司吏个个卖力捕盗，附近郡县的盗贼不敢进入他的辖区。

然而，王温舒的政绩，除了"道不拾遗"之外，还有"郡中无声、无敢夜行、野无犬吠之盗"，治安虽好，但人民却是生活在恐惧之中，与子产不可相提并论。

名句可以这样用

古时候社会单纯，用教化、用高压手段或许可以做到"夜不闭户，路不拾遗"。今天的社会复杂，而且道高一尺，魔高一丈，那种境界已经不可能重现了。

一贵一贱,交情乃见

名句的诞生

始翟公为廷尉,宾客阗门¹;及废,门外可设雀罗²。翟公复为廷尉,宾客欲往,翟公乃大署其门曰:"一死一生,乃知交情;一贫一富,乃知交态;一贵一贱,交情乃见。"

——汲郑列传

完全读懂名句

1. 阗:读作tián,充满,充塞。2. 雀罗:补鸟雀用的网子。

最初翟公担任廷尉(最高司法首长),宾客挤满门庭,可是当他下台后,门外冷清到可以张网捕麻雀("门可罗雀"语出此典)。等到他再度当廷尉,宾客又想回来,翟公就在门口写上大字:"一生一死之间才知交情真假;一贫一富之间才见态度冷暖;一贵一贱之间才见真交情。"

有非常之人，然后有非常之事——列传

名句的故事

司马迁系引述翟公这三句 24 个字来印证汲黯与郑庄两位清官，他俩位列九卿（次长级），也都两袖清风，死后家无余财。同时，两人也都曾经历"有势则宾客十倍，无势则否"的冷暖。

清廉固然可贵，他俩的正直与为所当为更令人钦佩。

汉武帝派汲黯去视察河内火灾（延烧千余家），汲黯行经河南，当地贫户万余家受水旱灾之害，甚至到了父子相食的地步。汲黯"用掉"了皇帝给的符节，开仓赈灾，然后回朝廷请罪，汉武帝没有追究他。

郑庄担任太史时，告诫门下，凡有人求见，不论地位高下，立即通报，不得让求见者在门房等候。由于他为官清廉，又不懂得理财，所以只能以薪水及皇帝赏赐来供给宾客。不仅如此，当别人和他意见不同时，他却经常推崇那人有独到见解，若意见真的很好，就立即向皇帝推荐，唯恐耽误了时效。

历久弥新说名句

唐太宗赐萧瑀诗中有"疾风知劲草，板荡识忠臣"，以及文天祥《正气歌》吟道："时穷节乃见"，也都是一样的意思：只有经过重大考验，才能见出真情。三者的差别则在于：唐太宗是君王勉励臣下；文天祥是力不能挽狂澜，自表心迹；翟公则是下台复出之后的报复心态。

名句可以这样用

人情的冷暖,本来就是"如人饮水",特别是不得意时,更有如"寒天饮冰水",也因此"松柏不凋于岁寒"愈令人珍惜。

为治者不在多言

名句的诞生

天子使使¹束帛²加璧安车驷马³迎申公。……天子问治乱之事,申公时已八十余,老,对曰:"为治者不在多言,顾力行何如耳。"是时,天子方好文词,见申公对,默然。

——儒林列传

完全读懂名句

1. 使使:派遣使者。第一个"使"为动词,第二个是名词。
2. 束帛:捆成一束的布帛,古时是用来馈赠的礼物。3. 安车驷马:安稳壮盛的马车。

汉武帝派出使者,带着绸帛璧玉等贵重礼物,用安稳的车子,由高大的马匹拉载,将申公迎接到长安。……武帝向他请教天下治乱的道理,申公当时已经80多岁,回答说:"想要国家安治,不在于言词夸饰,完全看实际执行成效如何罢了。"那时候,汉武帝正喜好文学词令,听到申公这种理论,默然以对(不高兴,但又不好发脾气)。

名句的故事

申公在此之前,曾经担任楚王太子的师傅,可是太子不好学,恼怒这位老师,因此在即位后,居然将申公贬为徒隶,叫他在市场上舂米。申公于是回到鲁国,闭门谢客,各地前往受业的弟子有一百多人。

汉武帝的朝中,郎中令王臧和御史大夫赵绾都是申公的学生,向皇帝推荐老师,皇帝也以礼相迎,孰料老人家那一套不合皇帝的意,申公只能在长安坐"冷板凳"了。

后来,赵绾和王臧得罪了窦太后,下狱,自杀,申公也被遣回鲁国。

历久弥新说名句

其实,申公是政争的一个牺牲品。

汉武帝初即位时,祖母窦太后当权,喜好老子学说。年轻有为的皇帝要向祖母争权,于是崇尚儒家学说,提拔各地文学、贤良、方正人才,建立自己的班底。申公的"为治不在多言"其实偏向老子学说,可是因为赵绾、王臧居然建议"朝政不必请示东宫",学生遭太后打击,老师则遭了池鱼之殃。

清末,光绪帝"百日维新"也是皇帝向太后夺权,康有为和谭嗣同等"六君子",因而被打成"乱党",康有为出奔,六君子遇害,大清帝国完结!

名句可以这样用

"为治不在多言"的重点应在下句"顾力行如何":如果只会开支票而没有政绩,那就是"芭乐票";但如果既提不出政策,又不能做事,那根本是"尸位素餐",不能以"为政不在多言"搪塞人民!

非此母不能生此子

名句的诞生

汤[1]死,家产直不过五百金,皆所得奉赐,无他业。昆弟诸子欲厚葬汤,汤母曰:"汤为天子大臣,被污恶言而死,何厚葬乎!"载以牛车,有棺无椁[2]。天子闻之,曰:"非此母不能生此子。"乃尽案诛三长史。丞相青翟自杀,出田信。

——酷吏列传

完全读懂名句

1. 张汤:人名。西汉杜陵人,武帝时官至御史大夫,处理讼狱案件,十分严苛,为汉代著名酷吏。后为人所陷,自杀身亡。
2. 椁:指棺材外面的套棺。

张汤死后,家产总值不超过五百金,全都是得自官俸与赏赐,没有其他产业。兄弟儿子有意厚葬张汤,张汤的母亲说:

有非常之人，然后有非常之事——列传

"张汤担任天子的大臣（御史大夫，地位仅次于丞相），蒙受诬蔑抹黑而死，有什么理由厚葬！"用牛车承载张汤的遗体，且只有内棺无外椁（平民身分）。汉武帝听说此事，表示："不是这样的母亲，生不出这种儿子。"于是将陷害张汤的三位长史（朱买臣、王朝、边通）下狱处死，丞相庄青翟为此事自杀，放出田信（张汤的幕僚）。

名句的故事

西汉多酷吏，张汤排名首位，他用司法手段为汉武帝巩固统治基础，尤其办"巫蛊之祸"时，追根究底追查出"所有"（肯定包括被诬陷害者）党羽。这种大狱，统治者的原则是宁枉勿纵，也只有张汤如此严苛的性格作风才办得到。

如此作风，当然树敌无数，于是最后被陷害下狱。张汤在狱中上书皇帝，指名哪些人陷害他，然后自杀。

对汉武帝而言，张汤的忠诚度百分之百，死后又发觉他的清廉也是百分之百，再加上张汤自杀以明志，张汤母亲又作风刚烈，因此下令为他平反，并严办陷害他的人。

历久弥新说名句

张汤的儿子张安世后来比老爸更有出息，爵封富平侯，官居大司马卫将军（武）、领尚书事（文）。他一生治事谨慎周密，待人内外无间，三个儿子尽皆封侯。这就不是"乃父之风"了——事实是超越了父亲多多，无论官爵或作风，并未"十足"承继乃父的酷吏遗传。

名句可以这样用

俗话说："龙生龙，凤生凤，耗子生儿会打洞。"指的是"有其父必有其子"，多半用于贬义；"非此母不能生此子"则是夸奖或赞叹之意。

侠以武犯禁

名句的诞生

　　韩子曰:"儒以文乱法,侠以武犯禁。"二者皆讥,而学士多称于世云。(……)今游侠[1],其行虽不轨于正义,然其言必信,其行必果,已诺必诚,不爱其躯,赴士之厄困,既已存亡死生矣,而不矜[2]其能,羞伐[3]其德,盖亦有足多者焉。

——游侠列传

完全读懂名句

　　1. 游侠:指喜好交游、重视义气、能够救困扶危的人。
2. 不矜:不自夸。3. 伐:自夸。

　　韩非子说:"儒士舞文弄墨败坏法度,侠士以武力挑战禁令。"二者都遭到他的批评(法家贬抑儒家、仇视侠客),可是此二种人却常受世人称赞。(……)如今的游侠之士,他们的行为虽然和正常的规矩不合，但是他们说话必守信用，行事必有结果，承诺之事必诚信，不顾惜自己的生命去解救别人的困厄，可说是勇敢面对生死存亡关头了。他们还能不自恃才能，耻于夸耀功劳，的确有值得赞许之处啊！

名句的故事

《游侠列传》中，着墨最多的当数郭解。

郭解从小好斗狠，堪称无恶不作，可是运道很好，总是能逃脱、躲藏，挨到大赦。他以行侠仗义为满足，救了别人从不夸耀自己的恩德，于是累积了声望，经常为人调解难以化解的怨仇。逃亡的罪犯前往请他保护，他也有能力庇护，名声愈发远播。

汉武帝时，将天下富豪迁到茂陵，郭解也在被迁之列，关中地区的豪侠之士争相与他交往。后来，有人口头冒犯了郭解，这人被杀且割去舌头。官吏虽然以证据不足判郭解无罪，可是御史大夫公孙弘说："郭解虽不知情，他的罪却比自己杀人还更重。"判决郭解"大逆无道"，全家诛灭。

历久弥新说名句

曾有大学生"遛鸟侠"为兑现口头赌约，趁夜在校园裸奔，触犯了校规。以司马迁对"侠"的定义：言必信、行必果、行事低调，是当得上"侠"名的。只不过，校方的立场和公孙弘一样,总不能视若无睹。

名句可以这样用

"侠以武犯禁"诚然是执政者不容,否则无以约束人民。然而,政府或官员曲解法令(以文乱法),对法律威信的戕害,实更大于个人行为的"侠者"。

一斗亦醉,一石亦醉

名句的诞生

威王大说,置酒后宫,召髡赐之酒,问曰:"先生能饮几何而醉?"对曰:"臣饮一斗¹亦醉,一石亦醉。"威王曰:"先生饮一斗而醉,恶²能饮一石哉!其说可得闻乎?"髡曰:"(……)"以讽谏焉。齐王曰:"善。"乃罢长夜之饮。

——滑稽列传

完全读懂名句

1. 斗:为古时酒器,非量具。2. 恶:如何,怎么。

(淳于髡向赵国请来十万援兵,楚军退去,齐国解围)齐威王很高兴,在后宫摆下酒筵,款待淳于髡。问他:"先生酒量能饮多少才醉?"淳于髡回答:"我饮一斗(杯)也醉,一石(十斗)也醉。"威王(听出话中有话)说:"先生既然喝一斗就会醉,怎么还能喝一石呢?有什么道理可以说来听听吗?"淳于髡讲了一番议论以讽谏威王:"(……)"齐威王说:"说得好!"于是不再通宵饮酒。

名句的故事

淳于髡的"饮酒论"(原文"……"处)如下:

大王赐酒,旁边站着执法官,后面立着御史,我心怀恐惧,俯伏而饮,这样喝酒,一斗就醉了。父亲有客人造访,我整肃仪容、一旁侍候,偶尔赏我喝一杯,如此则不超过二斗就醉了。老朋友相见,把酒言欢,听说往日情景,可以喝五六斗。乡里间同乐,男女杂坐,猜拳行会,握到异性的手也没忌讳,多看两眼也无妨,如此喝法,喝个八斗,十次当中只会醉两三次。如果是晚餐尽兴,杯盘狼藉,鞋子也脱了,帽子也摘了(披头散发),主人送客,只留我一人,如此景况,我可以喝一石。所以说,酒喝到极致就会乱,乐极会生悲,天下事道理尽相同,不可以"过度",过度就会由盛而衰。

这是淳于髡借喝酒讽谏齐威王。齐威王因能纳谏而称雄诸侯,淳于髡因能讽谏而名闻后世。

历久弥新说名句

五代十国,闽王有一次看到周维岳喝酒似乎没有底线,问他:"看不出你个子这么小,酒量居然如此大?"旁边有人代答:"大王,这就叫做'酒有别肠'啊!"(体内另有一条肠子装酒。)

诗仙李白可以"三百六十日,日日醉如泥",但仍不损他的形象。一方面他是"酒有别肠",一方面也因为他的才华,才能被纵容。

名句可以这样用

"一斗亦醉,一石亦醉"是淳于髡的引喻讽谏,但他对喝酒之乐的层次分析,另有一句名言更为贴切:"酒逢知己千杯少",若是对象无趣,那就"话不投机半句多"了。

彼一时也,此一时也

名句的诞生

时会聚宫下博士诸先生与论议,共难之[1]曰:"苏秦、张仪一当万乘[2]之主,而都卿相之位。今子大夫(……)官不过侍郎[3],位不过执戟[4],其故何也?"东方生曰:"是固非子所能备也。彼一时也,此一时也,岂可同哉?(……)使张仪、苏秦与仆并生于今之世,曾不能得掌故[5],安敢望常侍、侍郎乎?"

——滑稽列传

完全读懂名句

1. 共难之:这里指使其难以对答。2. 万乘:依据周制,天子地方千里,兵车万乘。3. 侍郎:职官名称,秦汉时郎中令的属官,主更值执戟,宿卫殿门。4. 执戟:职官名称,秦汉时的侍郎官,掌管宿卫殿门。5. 掌故:职官名称,周时负责防御城池,汉时掌管礼乐制度,唐代则看守仓库、陈设等。

当时一干博士学者会聚宫廷之下,与东方朔一同议论,群起"吐嘈"他:"苏秦、张仪一旦面对万乘诸侯君主,立即位居卿相。如今先生你(号称博学)(……)做官不到侍郎(次长级),地位不及殿前侍卫,是什么缘故啊!"

东方朔说:"这就不是诸位所能理解的了!时代背景不同,岂可一概而论。(……)如果让张仪、苏秦跟我同生于这个时代,他俩连个'掌故'(中阶文官)都当不到,哪还敢企求常侍、侍郎呢?"

名句的故事

东方朔以博学闻名,汉武帝召募天下人才(贤良文学),东方朔到了长安,上书皇帝用了三千片木牍,汉武帝读了两个月才看完(意味着内容颇得帝心,才有此耐心),封他为"郎"官,经常宣召面谈,留他吃饭,东方朔"吃不完兜着走",衣服都被油污了。

皇帝如此钟爱他,引起其他学者的侧目,于是有机会就损他一番,东方朔并不挟嫌报复,只用言辞"压制"他们。

历久弥新说名句

三国诸葛亮在出山前,自比管仲和乐毅,两人是春秋战国时代,让国家称雄于诸侯的良相名将,是诸葛亮身处乱世,立志效法的对象。

然而,后人评论诸葛亮的功业,有人认为他可比拟伊尹、周公,有人认为他还不及萧何、曹参,那就是不了解"彼一时也,此一时也"的道理了——"立志"可以上比古人,"盖棺论定"则不宜以不同时空背景相提并论。

名句可以这样用

注意"彼一时也"应在前,"此一时也"应在后,才是本意。但若以本句作为"事后反悔赖账"的托辞,不如用"因时制宜"、"因事制宜"比较恰当。

老死不相往来

名句的诞生

老子曰:"至治之极,邻国相望,鸡狗之声相闻,民各甘其食,美其服,安其俗,乐其业,至老死不相往来。"必用此为务,挽¹近世涂²民耳目,则几无行矣。

——货殖列传

完全读懂名句

1. 挽:通"晚"。2. 涂:这里有遮蔽、堵塞的意思。

《老子》书中说:"理想国的极致是,相邻部落彼此看得到,鸡鸣狗吠也听得见,但人民都认为自己的食物最可口、衣服最美、风俗最好、工作最乐,因而彼此之间直到老死都不相往来。"如果世界一定得始终维持这样才是最佳状态,那除非将人民的耳目都堵塞起来,在现代是行不通的。

名句的故事

老子是中国第一位大思想家,他的哲学有很多到今天都还是至理名言,然而他的时代仍属部落社会,周天子只是"共主",诸侯"国"通常只是首都城区和周围而已,所以他勾绘出来的理想国是那样的景况。

到了司马迁的年代,经过秦朝灭六国、统一文字、建驰道,再经过汉武帝统一货币,人民之间的经济活动已经很频繁,实质上已不可能"老死不相往来"。所以《货殖列传》以老子的话做破题,开宗明义点出商业存在的必然性,以及时代潮流是挡不住的。

历久弥新说名句

晋代陶渊明写的《桃花源记》描述:在一个神秘山谷当中,住了一群人,他们在谷中安居乐业,"鸡犬相闻"。见到无心闯入的捕鱼人,热情招待之后,送他出谷,说:"这里面的事,不足为外人道也(拜托别跟外面的人说)。"

陶渊明本人不愿"为五斗米折腰",宁愿"归去来兮",过他的"采菊东篱下,悠然见南山"日子。所以,他这篇《桃花源记》就有浓厚的老子思想。

在这篇寓言小品当中,桃花源里的人,先世是为"避秦"而到该处。当然可以解读为：因为无法躲避外界日趋复杂的社会，不能"堵塞天下人耳目"，就只好自己隐居起来，与外界"老死不相往来"。

名句可以这样用

"老死不相往来"也常用在二人（或家族、团体）由交好变成交恶，虽未至相互攻伐的地步，但却从此不来往，形同陌路。

而在人情浇薄的现代都市当中，同住一栋楼、每天共享同一电梯的邻居，也可能"老死不相往来"，见面没话可谈，甚至不打招呼。这就不是老子的原意了。

贵出如粪土,贱取如珠玉

名句的诞生

  昔者越王勾践困于会稽之上,乃用范蠡、计然[1]。计然曰:"(……)论其有余不足,则知贵贱。贵上极则反贱,贱下极则反贵。贵出如粪土,贱取如珠玉。财币欲其行如流水。"

——货殖列传

完全读懂名句

  1. 计然:春秋时人辛研,字文子。因精通计算,所以称为"计然"。曾仕越国,提出察好尚、贵流通、尚平均、戒滞停等十策,越国运用其中五策而争霸中原。范蠡师之,财产至巨万。

  当年越王勾践被困在会稽山上,(脱困后)就重用范蠡和计然(实行富国之策)。计然(陈述富国之道)说:"(……)观察物资的供需状况,就知道他的价格是偏高还是偏低。价格高到不合理就会转而下跌,价格低到不合理就会转而上涨。价格偏高时应视之如粪土般,毫不吝惜地卖出,价格偏低时要视之如珠玉般买进。至于货币,要让它像流水一般畅行流通。"

名句的故事

计然的祖先是晋国的流亡公子,计然则是范蠡的老师。他向越王勾践提出十项政策,越国十年内实施了其中五项,就已经国富库盈,以充裕的国库供养战士。临阵时公布丰厚奖赏,士卒面对敌军矢石都奋不顾身冲锋,如同干渴之人奔向水源一般,于是打败吴王夫差,并且进军中原争霸。

范蠡在勾践成功之后,急流勇退(因为他晓得勾践"可共患难,不可共享乐"),说:"计然的策略可以用来富国,我现在要用之于自家。"于是泛舟而去,后来成为巨富陶朱公。

历久弥新说名句

计然的理论直到今天仍是经济、金融的至理名言,时空与社会背景不断变化,可是人性和经济法则是不变的。

将它套用在股票买卖不就是如此吗?股价涨到顶峰时,其实是大好卖点,可是有多少人舍得在那时候"贵出如粪土"?股市低迷到谷底时,又有多少人敢进场"贱取如珠玉"?

只要能秉持计然的理论,任何人都可以如范蠡一般(十九年内三次累积千金财富）成为巨富。当然，今日的股市比三千多年前复杂多得多，用功仍是必要的。

名句可以这样用

"贵出如粪土，贱取如珠玉"，这是一种克服人性心理障碍的逆向思考发财术，唯有透彻明白经济原理之后，再加上勇于实践的决心，才办得到。（勾践就是这种狠角色。）本句同时可以参考"人弃我取，人取我与"，相互为用。

人弃我取，人取我与

名句的诞生

当魏文侯时，李克务[1]尽地力，而白圭乐观时变，故人弃我取，人取我与。（……）趋时[2]若猛兽鸷鸟[3]之发。故曰："吾治生产，犹伊尹、吕尚之谋，孙吴用兵，商鞅行法是也。"

——货殖列传

完全读懂名句

1. 务：致力从事。2. 趋时：随着时势而转移。3. 鸷鸟：指性情凶猛的鸟。

战国魏文侯（另一位富国强兵而称霸的例子）时代，李克专心于开发土地的生产力，而白圭善于掌握景气的循环，采取"众人不要时我买进，众人有需求时我卖给他"的策略。（……）把握买进卖出时机，有如猛兽凶禽发动攻击时的快速与决断。所以他自述其作风是:"我施行富国政策,有如伊尹、姜太公定方略,孙子、吴起用兵,商鞅建立法治威信一样。"

名句的故事

伊尹是商朝开国贤相,辅佐商汤讨伐夏桀得天下,之后辅佐外丙、中壬、太甲,并曾流放太甲自己摄政,等到太甲悔过迁善后,再迎接他复位。伊尹施政总是先订国策、法度,昭告天下后施行。姜太公是辅佐周武王伐纣得天下的国师,凡事先订计才实行。

孙子、吴起是兵家鼻祖,不赘述。

商鞅变法是秦国由偏远诸侯一跃而为强国的转折点,他的方法是先立信(徙木赏金)、再立威(处罚太子党),然后法令得到人民信服。

白圭的"术"是调节供需、买贱卖贵,但是他的"道",如伊尹、姜太公一般先订定策略,如孙吴一般用兵如神,如商鞅一般建立威信,才是成功的"心法"。

历久弥新说名句

我们读历史,多半只见帝王将相的丰功伟绩,而未见(其实是历史课本忽略了)支撑这些丰功伟绩的幕后力量——经济。

勾践、魏文侯、秦孝公是例子,汉武帝是更好的范例,清乾隆帝也不例外。事实上，打仗是很花钱的事情，国库富裕、民生充裕时，打仗是开疆拓土，扬威国际；经济拮据时发动战争，那就是穷兵黩武，自取灭亡，隋炀帝可为殷鉴。

名句可以这样用

"人弃我取，人取我与"，它的含义不仅仅是消极的"你丢我捡"而已，更包含了调节供需的积极作为，政府能做到这一点的话，老百姓就不会过苦日子了。

顺之者昌,逆之者亡

名句的诞生

夫阴阳、四时、八位、十二度、二十四节各有教令[1],顺之者昌,逆之者不死则亡,未必然也,故曰"使人拘[2]而多畏"。夫春生夏长,秋收冬藏,此天道之大经[3]也,弗顺则无以为天下纲纪,故曰"四时之大顺,不可失也"。

——太史公自序

完全读懂名句

1. 教令:国家所颁布的条例。2. 拘:受束缚、局限。3. 大经:指常道。

(阴阳家认为)昼夜、四季、八卦方位、星相黄道十二宫、二十四节气,各自有其自然法则的教令(什么可以做,什么应禁忌),顺从自然法则就能昌盛,违逆自然法则不死也亡(流离失所),但未必如此,所以我(司马迁)认为,那些规则会让人们受拘束而不敢放手发展,阻碍进步。

事实上,万物春天萌芽、夏天成长、秋天收成、冬天储藏,这是大自然的循环周期,若不顺时工作,社会秩序就难以维持,所以说"四季的顺序不可以错乱"。(但不是拘泥成法,畏首畏尾。)

名句的故事

司马迁在《史记》末篇自述家世、学识、写作动机,并借此发抒他的哲学、历史观、价值观。

他对"六家",即阴阳、儒、墨、名、法、道德的学说,引用《周易·系辞》:"天下的道理,有百种思考方向,但却是一致的,殊途而同归。"然后他一一阐述,并且分析各家得失,颇有卖弄意味。

历久弥新说名句

相信生肖流年的人,有所谓"安太岁"的仪式。

为什么要"安太岁"?因为某些生肖"犯太岁"。而太岁星君正是一位任性的神,不问黑白、不讲是非,顺之者昌,逆之者亡。只要是犯了他的冲,那一年他就是凶神,一切灾殃会雪上加霜;但若顺服他、迎合他,他就是吉神,凡事锦上添花。基本上，这种信仰就是阴阳家的余绪，只不过，古代阴阳家讲求顺从天时，后世则只讲顺服神祇。

名句可以这样用

本句引用到政治、社会方面甚广，凡是专制君主、江湖霸王，乃至财阀豪强，往往"顺我者昌、逆我者亡"。然而，不顺天、不应人的独裁者，在民主时代是撑不久的。

失之毫厘，差以千里

名句的诞生

《春秋》之中，弑君三十六，亡国五十二，诸侯奔走不得保其社稷[1]者不可胜数，察其所以，皆失其本已。故《易》曰"失之毫厘[2]，差以千里"，故曰"臣弑君、子弑父，非一旦一夕之故也，其渐久矣。故有国者，不可以不知《春秋》。"

——太史公自序

完全读懂名句

1. 社稷：原本指土神与谷神，后泛指国家。2. 毫厘：比喻非常小的数量。

《春秋》书中记载有36位国君被弑，52个国家灭亡，失去政治而流亡国外的诸侯数也数不清。归纳其原因，都在于不能固守根本（仁政）而已。这就是《易经》所谓"出发点有些微之差，最终将偏差千里"。我(司马迁)认为:臣子弑君、儿子弑父之所以发生,都不是旦夕的原因,而是长久积弊造成。所以,在位主政的国家领导人,不可以不明白《春秋》的道理。

名句的故事

司马迁在这一段自比孔子,而且自我期许:"自周公到孔子经历五百年,孔子过世迄今五百年,我又岂敢推卸这个责任?"

"孔子作春秋,乱臣贼子惧",司马迁进一步阐释:孔子微言大义,用口诛笔伐贬抑乱臣贼子,但同时也用隐晦的笔法,揭露了昏君失德、失国的事迹。

后世守旧之士有人认为,《史记》是一本"谤书",因为司马迁受了宫刑,怀恨在心,所以没有隐晦汉天子(高祖到武帝)的错失。但是,据实记录才正是史家无可推卸的责任,隐晦国君错误,才是失职!

历久弥新说名句

唐太宗李世民说:"以铜为鉴(镜子)可以正衣冠;以史为鉴可以知兴替。"他经常询问群臣:"隋炀帝为什么失去天下?"

本书前篇也数次提及,汉高祖刘邦曾询问群臣:"项羽为何失天下?我为何得天下?"虽有自得之情,但仍有"以前朝覆辙为戒"的用意,这都合于司马迁的警语。

名句可以这样用

国家领导人的施政方向必须正确,犹如射箭(乃至发射飞弹),出发点失之毫厘,结果会差之千里。因此,比政策方向更重要的就是施政心态,若心态不是为人民,而是为自己的权位,那么,即使政策再好,执行的结果也会差很多。